T0284235

EL SÍNDROME DEL IMPOSTOR

Sandi Mann es doctora en Psicología y profesora en la Universidad de Lancashire Central, Inglaterra, donde enseña psicología clínica aplicada. Dirige también su propia clínica, MindTraining Clinic, especializada en el tratamiento de la ansiedad y los trastornos depresivos y posee formación acreditada en Terapia cognitivo-conductual. Considerada una eminencia en su campo, la doctora Mann imparte conferencias por todo el mundo y ha publicado más de veinte libros de psicología. El creciente número de personas talentosas que acudían a su consulta afectadas por el fenómeno del síndrome del impostor la llevó a plantearse la necesidad de escribir una obra práctica e interactiva sobre este problema tan extendido.

Nube de tags
Autoestima – Psicología – Superación
Código BIC: YF | Código BISAC: JUV000000
Diseño de cubierta: Opalworks

SANDI MANN

EL SÍNDROME DEL IMPOSTOR

CUANDO CREEMOS (ERRÓNEAMENTE) QUE NUESTROS LOGROS SE DEBEN A LA SUERTE

Argentina – Chile – Colombia – España
Estados Unidos – México – Perú – Uruguay

Título original: *Why Do I Feel Like an Imposter? – How to understand and cope with imposter syndrome*
Editor original: This edition first published in the UK and USA in 2019 by Watkins, an imprint of Watkins Media Limited, Unit 11, Shepperton House 89-93, Shepperton Road, London N1 3DF
Traducción: Scheherezade Surià López

1.ª edición **books4pocket** Julio 2024

Ilustraciones: copyright Watkins Media Limited 2019
Text Copyright © Dr Sandi Mann
All Rights Reserved
© 2020 de la traducción *by* Scheherezade Surià López
© 2024 *by* Urano World Spain, S.A.U.
Plaza de los Reyes Magos, 8, piso 1.º C y D – 28007 Madrid
www.edicionesurano.com

ISBN: 978-84-19130-28-0
E-ISBN: 978-84-17981-28-0
Depósito legal: M-12.534-2024

Fotocomposición: Urano World Spain, S.A.U.

Impreso por Novoprint, S.A. – Energía 53 – Sant Andreu de la Barca (Barcelona)

Impreso en España – *Printed in Spain*

Índice

Introducción

Síndrome del impostor: la creencia de que uno finge, de forma fraudulenta, ser quien no es, que no es tan bueno como la gente cree que es. Cuando di con este concepto tras graduarme en Psicología, estaba convencida de que alguien había accedido a mis pensamientos más secretos; ¡el término me describía a la perfección! Pero luego resultó que muchos compañeros habían llegado a la misma conclusión y creían que les habían hecho la expresión a medida, y mi círculo de allegados, más de lo mismo. ¿Estábamos sufriendo de verdad el síndrome del impostor? Pues resulta que seguramente sí; al menos el 70 por ciento, según un estudio[1]. Para mí, fue un momento paradójico de autoconciencia en mi continuo viaje de autodescubrimiento, pero después de eso solo le presté atención de vez en cuando a lo largo de los años, mientras me labraba una carrera como psicóloga.

Un par de décadas después, el término síndrome del impostor, o SI, se ha vuelto mucho más significativo para mí porque he empezado a verlo cada vez más y de distintas formas en mi consulta privada. Hay personas aparentemente exitosas —hombres,

---

1. Sakulku, J (2011). The Impostor Phenomenon (El fenómeno del impostor) (PDF). *International Journal of Behavioral Science*, 6 (1), 73-92.

mujeres y, a menudo, también adolescentes— que se presentan con síntomas de esta afección, convencidas de que son las únicas que la padecen.

El SI parece ser un fenómeno en auge y en este libro abordo las diversas razones que explican su rápido crecimiento, como las redes sociales y el aumento de los exámenes en las escuelas, por nombrar un par. También parece que el SI ya no se limita a los profesionales ambiciosos y exitosos, como se creía antaño. En mi consulta, veo una gran variedad de tipos: la madre que siente que no es lo bastante buena madre, el padre que cree que no es lo bastante hombre, el amigo que piensa que no es lo bastante popular y hasta la persona religiosa que siente que no es lo bastante buena para su dios.

Los primeros pasos para gestionar el SI, que puede ser agotador en términos de confianza en uno mismo y en autoestima, además de ser perjudicial para la progresión de la carrera, son reconocerlo y comprenderlo, y luego aprender a detectar lo que lo desencadena, y esto es lo que me he propuesto lograr con este libro. Solo si comprendemos estos factores podemos buscar las mejores estrategias para cada uno y, a lo largo del libro, propongo varias técnicas adecuadas para afrontarlo.

¿Para quién es este libro?

- Para quien piense que puede estar experimentando el SI, ya sea en el trabajo, en el hogar, en la familia o en la comunidad.
- Para quien crea que su pareja, un miembro de la familia, un amigo o un niño está experimentando el SI.

- Para padres que quieren minimizar las posibilidades de que sus propios hijos sucumban al SI.
- Para cualquiera que esté interesado en el fenómeno del impostor.

¿Qué obtendrás con este libro?

Con información diversa, cuestionarios de autoevaluación y útiles consejos y estrategias de afrontamiento, este libro te ayudará a entender si tú (o alguien cercano a ti) tienes SI y, si es así, qué puedes hacer al respecto. El objetivo es aumentar la confianza en tus capacidades en el trabajo, en el hogar o en cualquier otro lugar y, sobre todo, te ayudará a darte cuenta de que no estás solo si padeces SI y que puedes gestionarlo.

Cómo usar este libro

Los dos primeros capítulos son una lectura esencial para todo el mundo, ya que juntos exploraremos qué es el síndrome del impostor y por qué está tan extendido, y descubriremos algunos de sus distintos subtipos. También hay dos cuestionarios para que sepas si lo estás experimentando. Los siguientes cinco capítulos abordan el síndrome del impostor en relación con grupos específicos de personas y en entornos sociales específicos. Aunque estos capítulos están orientados a estos grupos, son útiles para todos los lectores. Al final, un breve capítulo de conclusión reúne lo que hemos aprendido y ofrece algunas ideas sobre cómo puedes aplicar todo esto a tu propia vida.

En cada capítulo encontrarás casos prácticos que ilustran ejemplos reales de personas que experimentan el SI. Léelos y verás que el síndrome está en todos los ámbitos de la vida; espero que animen a los que lo padecen a identificar el SI dentro de sí mismos como un primer paso en el camino hacia la transformación de sus dudas en confianza en sí mismos.

Al final de los capítulos 3 a 7 hay consejos y estrategias para hacer frente al SI y construir la autoconfianza. Algunos son específicos del grupo que se aborda en ese capítulo, pero la mayoría pueden aplicarse a todos, así que procura leerlos todos para sacar el máximo provecho de este libro.

1

¿Qué es el síndrome del impostor?

Cuando Jess vino a mi consulta en Manchester, era la viva imagen de una mujer exitosa. Iba muy acicalada, vestía un traje chaqueta elegante y llevaba un peinado igual de refinado: era la personificación del triunfo. A sus 42 años, era ejecutiva sénior en una gran empresa internacional y tenía el sueldo, el coche y todos los beneficios que normalmente se asocian a una persona «que lo tiene todo».

Entonces, ¿a qué había venido? Mientras se acomodaba en la butaca y empezaba a explicar su problema, su postura cambió radicalmente. Hundió los hombros, se le quebró la voz, le temblaban las rodillas y no dejaba de entrelazarse las manos al hablar. Todo su aire de seguridad en sí misma se derrumbó ante mis ojos mientras «confesaba» que todo era falso; me explicó que todos sus éxitos se basaban en la suerte y que, en realidad, su trabajo se le daba bastante mal. Aunque había conseguido engañar a compañeros y jefes durante muchos años, estaba convencida de que estos pronto descubrirían su secreto. Lo perdería todo, pero ese no era su mayor problema; lo más complicado era que se las veía y se las deseaba por vivir con el hecho de ser una «falsa», sentía que debía renunciar a su trabajo antes de quedar en evidencia y hacer algo más acorde a sus habilidades reales. Significaría menos dinero y beneficios, sí, pero al menos sería sincera consigo misma.

Bienvenido al mundo del síndrome del impostor. Es un mundo secreto, habitado por personas exitosas de todas las profesiones y condiciones sociales que tienen una cosa en común: creen que no son lo bastante buenos. Pueden ser hombres o mujeres, jóvenes o viejos. Ni las figuras públicas de gran éxito son inmunes (ver Impostores famosos, páginas 24-27). Y las creencias sobre la impostura tampoco están siempre relacionadas con el trabajo; he conocido «impostores» que sienten que no son lo bastante buenos padres, esposos, esposas, amigos o incluso no son lo suficientemente buenos como para ser seres humanos.

Esto te ayudará a identificar los síntomas del síndrome del impostor y a entender si lo tienes y, de ser así, qué tipo de SI tiene más probabilidades de coincidir con tu experiencia.

Entonces, ¿qué es el síndrome del impostor?

Las psicólogas clínicas Pauline R. Clance y Suzanne A. Imes acuñaron la expresión «síndrome del impostor» o «fenómeno del impostor» por primera vez en 1978, en un documento titulado *The imposter phenomenon in high achieving women: dynamics and therapeutic intervention* (El fenómeno del impostor en mujeres de alto rendimiento: dinámica e intervención terapéutica).[2]

Esta afección se describía como «la experiencia de sentirse unas farsantes intelectuales» que afectaba a algunas mujeres de alto rendimiento. En su artículo, Clance e Imes describían su grupo de muestra de 150 mujeres de la siguiente manera: «A pesar de los títulos obtenidos, los logros académicos, los éxitos en los exámenes, los elogios y el reconocimiento profesional de compañeros y autoridades respetadas... no tienen una sensación de éxito. Se consideran "impostoras"». Explican que estas mujeres creen que solo han alcanzado el éxito por errores en los procesos de selección, porque alguien ha sobreestimado sus habilidades o por alguna otra fuente externa.

Clance e Imes dicen que hay tres características definitorias del SI:

1. La creencia de que los demás tienen una visión exagerada de tus destrezas o habilidades.

2. El miedo a que descubran que eres un farsante y te expongan como tal.

3. La atribución persistente del éxito a factores externos, como la suerte o un nivel extraordinario de trabajo arduo.

2. Clance, P. e Imes, S. (Fall 1978). The imposter phenomenon in high achieving women: dynamics and therapeutic intervention (El fenómeno del impostor en mujeres de alto rendimiento: dinámicas e intervención terapéutica) (PDF). *Psychotherapy: Theory, Research & Practice,* 15 (3): 241–247.

¿A quién afecta?

Desde esta primera incursión en el mundo de los impostores en la década de 1970, varios estudios han demostrado que la afección puede afectar a hombres y mujeres por igual (ver página 113, capítulo 4). Y, de hecho, los que acuñaron el término comentaron después que prefieren llamarlo «experiencia impostora» porque «afección» o «síndrome» sugiere una enfermedad mental; la experiencia impostora está mucho más normalizada que eso. Clance afirma que es «algo que casi todo el mundo experimenta».[3]

De hecho, como se indica en la introducción, varios estudios sugieren que el 70 por ciento de la población experimentará este fenómeno durante al menos un período de su vida, aunque es más común entre las personas de alto rendimiento. El SI no está clasificado como una enfermedad o trastorno mental en el Manual de diagnóstico y estadística de los trastornos mentales (DSM 5), que es el manual al que acuden la mayoría de los profesionales de la salud mental para identificar, clasificar y diagnosticar un trastorno de salud mental. Esto significa que no eres un enfermo mental si tienes el SI. De hecho, somos tantos los que sufrimos el SI en algún momento de nuestra vida que es casi normal.

Sin embargo, hay ciertos factores desencadenantes que pueden hacer que las personas susceptibles sean más proclives a

---

3. Anderson, L.V. (2016). Feeling Like An Impostor Is Not A Syndrome (Sentirse un impostor no es un síndrome). https://slate.com/business/2016/04/is-impostor-syndrome-real-and-does-it-affect-women-more-than-men.html

sentirse impostoras y esto suele darse en etapas de transición. Tres de los factores desencadenantes más comunes se presentan a continuación, junto con un estudio de caso que arrojará más luz sobre el tema.

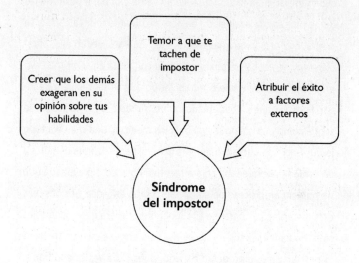

Arriba: Las tres características del síndrome.

Tu primer trabajo en tu campo profesional

Es una situación que se da cuando obtienes un título académico o un diploma de formación profesional o cualquier otra acreditación que implica que puedes ejercer la profesión que escogiste.

ESTUDIO DE CASO

Aisha, una doctora recién titulada, ha tenido muchas dudas desde que empezó a trabajar en un hospital. Está convencida de que consiguió entrar en la facultad de Medicina de chiripa, a pesar de las duras pruebas de evaluación de acceso. Durante toda la carrera se sentía inferior a los demás estudiantes, quienes, según ella, parecían muy seguros y tranquilos. Pero su confianza en sí misma cayó en picado una vez empezó a trabajar porque se sentía fuera de lugar. Pensaba que su bata blanca era el símbolo de su falsedad, se sentía como una niña que jugaba a los médicos. Una cosa era todo lo que había aprendido durante la carrera, pero a la hora de tratar a un paciente, se quedaba con la mente en blanco. No ayudaba que no hubiera un proceso de adaptación como tal y que tras dos días de supervisión por parte de sus superiores, tuviera que apañárselas sola. Podía llamar si necesitaba ayuda o consejo, sí, pero tenía la impresión de que no debía hacerlo, pues cada vez que lo hacía, creía que era una muestra de esta «farsa». Al especialista que la supervisaba tampoco le hacía mucha gracia que lo llamara, lo cual no era alentador. Aun así, Aisha se preocupaba hasta de lo más mínimo y temía correr riesgos si no lo comprobaba todo. No creía en su propia capacitación ni en sus habilidades, a pesar de haber completado cinco años de carrera de una forma brillante. Aisha estaba convencida de que «la descubrirían» y la tacharían de incompetente; temía que todo saliera a la luz al cometer algún terrible error con un paciente.

Empezar una experiencia educativa o un curso nuevo

Esto puede darse tanto en jóvenes que entran a la universidad como en adultos que retoman sus estudios.

ESTUDIO DE CASO

Adam, un estudiante adulto, se matriculó en la universidad a los 35 años para estudiar Periodismo. Dejó la escuela a los 16 sin un título o un diploma. Sabía perfectamente que esto se debía a una mala época que lo había convertido en un rebelde. No le interesaban nada los estudios y reconoce abiertamente que consumía drogas y alcohol y que era un «chico malo». Le costaba mantener los empleos y no contaba con el apoyo de su familia. Sin embargo, pasaron los años, comenzó a sentar cabeza y conoció a una mujer con la que se acabó casando. Tuvieron un hijo y ella lo animó a retomar los estudios para que encontrara un trabajo más estable. Adam se planteó aprender un oficio, como el del enyesado, pero en el fondo soñaba con ser periodista; un sueño que consideraba inútil (a fin de cuentas, no había terminado los estudios de educación media y se consideraba bastante «tonto»). Pero gracias al apoyo de su esposa, se apuntó a clases nocturnas en un centro de educación media, se sacó el título y, de repente, vio que ese sueño parecía estar a su alcance. Se alegró muchísimo cuando lo aceptaron en la universidad, pero al empezar el curso le asaltaron las dudas. En comparación con el resto, se sentía un farsante. Los demás alumnos tenían mejores calificaciones y muchos tenían hasta experiencia laboral. Comenzó a preguntarse qué diantre hacía ahí y si no sería mejor abandonar y obtener un diploma de enyesador.

Un ascenso en el trabajo

Un ascenso debería ser algo emocionante, pero para algunos puede ser un factor desencadenante que les hace sentir que el puesto les viene grande y les genera miedo de que los demás descubran que es algo inmerecido.

ESTUDIO DE CASO

James, un técnico de tecnologías de la información, estaba muy contento en su puesto, que consistía en diagnosticar y resolver problemas para clientes en una gran corporación. Luego lo ascendieron a un puesto directivo, algo que, en un principio, le encantó. Se encargaba de distribuir los trabajos, priorizar y tarificar las tareas, así como trabajar con diversas entidades. Comenzó a sentirse abrumado por la responsabilidad y empezó a tener problemas tanto con los clientes como con su equipo (que habían sido compañeros suyos en el pasado); los clientes se quejaban de que el trabajo no se realizaba con la suficiente diligencia, mientras que el equipo protestaba por la sobrecarga laboral. La realidad era que esto era parte del cargo, pero James estaba convencido de que no daba la talla para el puesto y que jamás tendrían que haberlo ascendido. Antes del ascenso, todo iba sobre ruedas. Él se limitaba a hacer su trabajo. Ahora tenía que gestionar problemas de personal y lidiar con conflictos para los que sentía que no tenía ni las destrezas ni la formación necesarias. Le parecía que su ascenso había sido un error, que su superior debió de pensar que él tenía más habilidades de las que tenía en realidad. Estaba seguro de que se darían cuenta, que pronto le dirían que era un impostor, y esto le causaba tal estrés que se planteaba dejar el trabajo antes de que sucediera algo así.

Estilos de vida con un riesgo mayor de sufrir el SI

Además de los factores desencadenantes del SI que se han mencionado previamente, también deben tenerse en cuenta ciertos grupos de personas que pueden ser susceptibles de sufrirlo. Hay cierta relación con el tipo de personalidad, tema que se abordará más adelante. Pero ciertos estilos de vida hacen que algunas personas sean más vulnerables que otras. Según Valerie Young, autora de *The Secret Thoughts of Successful Women: Why Capable People Suffer from the Impostor Syndrome and How to Thrive in Spite of It* (Crown Publishing, 2011) [Los pensamientos secretos de la mujer triunfadora; por qué las personas competentes sufren el síndrome del impostor y cómo salir adelante], los siguientes grupos de personas corren más riesgo:

- Los **estudiantes** suelen pensar que los demás son más competentes, maduros y trabajadores que ellos. Sienten que no están integrados en el campus universitario o que no encajan: todos los demás son auténticos y ellos unos falsos. Esto se observa sobre todo en estudiantes adultos, que son minoría.

- **Académicos y gente que trabaja en campos creativos** donde hay mil formas de comparar el talento de unos y otros (véase el cuadro siguiente).

- **Personas triunfadoras o que han tenido éxito demasiado pronto en su carrera**: estas personas suelen caer en las garras del tipo de impostor conocido como «genio innato», que se detallará más adelante (véase la página 55).

- **Profesionales o estudiantes recién graduados de primera generación**: las expectativas para quienes son los primeros de la familia en lograr ciertas metas son altas, sienten que tienen mucho por demostrar, pero puede que no cumplan ante semejante vara de medir.

- **Quienes tomaron vías atípicas para llegar donde están**: estas personas tienen una mayor probabilidad de atribuir su éxito a la suerte y no al logro personal.

- **Grupos carentes de representación** (mujeres, minorías étnicas, colectivo LGTBQ, personas con discapacidades, seguidores de ciertos grupos religiosos, etc.): la presión de estar de algún modo representando a su raza o grupo puede hacerlos considerar que son impostores.

- **Quienes tienen padres triunfadores** (véase el capítulo 2 para más información sobre cómo esto puede llevar al SI).

- **Autónomos o trabajadores solitarios**: este grupo suele depender de la comunicación electrónica, lo que supone una banda emocional estrecha por la cual es complicado transmitir o distinguir un tono amable y de apoyo. De este modo, a los trabajadores les cuesta saber si lo están haciendo bien o si cumplen con las expectativas, sobre todo porque las oportunidades de interacción con las que obtener comentarios y observaciones positivas son limitadas.

Los motivos por los que estos grupos podrían ser propensos al síndrome del impostor se expondrán más adelante en este capítulo.

EL SÍNDROME DEL IMPOSTOR
EN EL ÁMBITO ACADÉMICO

Según un artículo escrito por la doctoranda Beth McMillan para *Times Higher Education* en 2016: «Muchos de los académicos más respetados del mundo se despiertan cada mañana convencidos de que no merecen su puesto, que fingen ser lo que no son y que acabarán descubriéndolos».[4] En otra publicación, el bloguero académico Jay Daniel Thompson confiesa que el SI «afecta hasta a los docentes más destacados».[5]

Los motivos por los cuales el SI abunda tanto en la docencia universitaria son diversos. En primer lugar, se trata de un campo de élite al que es muy difícil acceder. Además, a los académicos se les considera expertos, por lo que pueden sufrir el síndrome del impostor tipo experto (véase la página 59) y se les juzga constantemente por sus investigaciones. Es un campo muy competitivo en el que publicar y conseguir

4. McMillan, B. (2016). Think like an imposter and you'll go far in education (Piensa como un impostor y llegarás lejos en el ámbito académico). *Times Higher Education*. https://www.timeshighereducation.com/blog/think-impostor-and-youll-go-far-academia

5. Thompson, J.D. (2016). I'm not worthy: imposter syndrome in academia (No soy digno: el síndrome del impostor en el ámbito académico). *The Research Whisperer*. https://theresearchwhisperer.wordpress.com/2016/02/02/imposter-syndrome/

becas de investigación es algo que solo logran unos pocos (y en el que se es tan bueno como el último éxito conseguido). Es muy fácil sentir el peso de las expectativas y pensar que tarde o temprano todos se darán cuenta de que no eres tan bueno como da a entender tu reputación.

IMPOSTORES FAMOSOS

Si crees que padeces el SI, no estás solo. Hay muchísimos ejemplos de famosos sobradamente conocidos por todos que son personas con un éxito evidente, pero, a su vez, experimentan la inquietud de padecer el SI. Aquí recopilamos algunos de esos testimonios:

- La escritora y poeta estadounidense Maya Angelou, ganadora de tres premios Grammy y nominada tanto al Pulitzer como a los Tony, dijo: «He escrito once libros, pero con cada uno pienso: "Oh, oh, ahora sí se van a dar cuenta. He engañado a todo el mundo hasta ahora y me van a desenmascarar"».[6]

- El experto en marketing Seth Godin, autor de muchos libros que han sido éxitos de ventas, escribió en *El engaño de Ícaro* (2012) que aún siente que es un impostor.

- El actor Tom Hanks, ganador de dos Óscar y que ha actuado en más de setenta películas y series de televisión, durante una entrevista

6. Richards, C. (October 26, 2015). Learning to Deal With the Impostor Syndrome (Aprender a lidiar con el síndrome del impostor). *The New York Times*. https://www.nytimes.com/2015/10/26/your-money/learning-to-deal-with-the-impostor-syndrome.html

para una revista en 2016 dijo: «¿Cuándo se darán cuenta de que soy un impostor y me lo quitarán todo?»[7]

- La actriz Michelle Pfeiffer, nominada a varios Óscar y ganadora de otros tantos premios, incluyendo un Globo de Oro, comentó: «Tengo miedo de ser una impostora y de que me pillen».[8] En otra entrevista, también dijo: «Aún pienso que la gente se va a dar cuenta de que en realidad no tengo mucho talento. Que no se me da muy bien. Que todo ha sido una gran farsa».[9]

- La ganadora de un Óscar Jodie Foster temía tener que devolver su estatuilla tras ganarla en la categoría de Mejor Actriz en 1988 por la película *Acusados*: «Creía que había sido por pura suerte», dijo en una entrevista. «Que llamarían a la puerta de casa para decirme: "Disculpe, pero en realidad queríamos dárselo a otra persona" y se lo darían a Meryl Streep».[10]

- El actor y productor estadounidense Don Cheadle, nominado al Óscar, declaró a *Los Angeles Times*: «Solo veo lo que estoy haciendo mal, que todo es una farsa y un fraude».[11]

---

7. NPR (2016). Tom Hanks Says Self-Doubt Is "A High-Wire Act That We All Walk" (Tom Hanks dice que dudar de uno mismo es como caminar en la cuerda floja), https://www.npr.org/2016/04/26/475573489/tom-hanks-says-selfdoubt-is-a-high-wire-act-that-we-all-walk

8. Aronofsky, D. (2017). Michelle Pfeiffer. *Interview Magazine*. https://www.interviewmagazine.com/film/michelle-pfeiffer

9. Shorten, K. (2013). High-achievers suffering from "Imposter Syndrome" (Las personas de alto rendimiento padecen el síndrome del impostor), https://www.news.com.au/finance/highachievers-suffering-from-imposter-syndrome/news-story/9e2708a0d0b7590994be28bb6f47b9bc

10. *Ibid.*

11. *Ibid.*

- La ganadora de un Óscar Kate Winslet le contó a la escritora Susan Pinker: «A veces, me levanto por las mañanas antes de ir a rodar y pienso: "No puedo hacerlo. Soy una impostora"».[12]

- Chuck Lorre, escritor y creador de éxitos como *Dos hombres y medio* y *The Big Bang Theory*, dijo en la radio: «Cuando asistes al ensayo de algo que has escrito y no vale un centavo, lo más lógico es que pienses: "No valgo nada. Soy un impostor"».[13]

- La actriz ganadora de un Óscar Renée Zellweger declara lo siguiente sobre ser elegida para determinados papeles: «¿En qué estaban pensando? Me han dado este papel; ¿es que no saben que estoy fingiendo?»[14]

- Se dice que Meryl Streep, la actriz con más nominaciones de la historia a los Óscar y a los Globos de Oro, ha reconocido: «Pero si no sé actuar».[15]

- La directora de operaciones de Facebook Sheryl Sandberg asistió un día a una conferencia en la Universidad de Harvard titulada Sentirse un impostor y se convenció de que le hablaban a ella directamente, que había engañado a todo el mundo.[16] En una ocasión, llegó a decir: «Aún hay días en los que me despierto sintiéndome una impostora, en los que no estoy segura de si estoy donde debería estar».[17]

---

12. *Ibid.*
13. *Ibid.*
14. *Ibid.*
15. *Ibid.*
16. *Ibid.*
17. *Ibid.*

- La protagonista de Harry Potter, Emma Watson, reveló que llegó a sentir que «en cualquier momento, alguien descubrirá que soy una auténtica impostora».[18]

- El escritor y ganador del Premio Nobel de Literatura en 1962, John Steinbeck, escribió en su diario en 1938: «No soy escritor. Me estoy engañando a mí mismo y a los demás».[19]

La importancia del entorno familiar

Si te sientes como un impostor, tu entorno familiar podría tener algo que ver. Las primeras investigaciones realizadas por Clance e Imes sugerían que el contexto familiar puede ser un factor importante a la hora de generar sentimientos de impostura y que la mayoría de los impostores suelen provenir de uno o dos tipos de dinámica familiar. Veámoslo un poco más a fondo.

Dinámica familiar de Tipo 1: Hermanos con altas capacidades

El impostor con este contexto familiar habrá crecido junto a un hermano o hermana al que se describiría como exitoso, sobre todo en lo que a inteligencia se refiere, mientras que el

18. Francis, A. (2013). Emma Watson: I suffered from "imposter syndrome" after Harry Potter – I felt like a fraud (Emma Watson: «Yo sufrí el síndrome del impostor después de Harry Potter: me sentía una farsante»). *Celebs Now.* https://www.celebsnow.co.uk/latest-celebrity-news/emma-watson-i-suffered-from-imposter-syndrome-after-harry-potter-i-felt-like-a-fraud-90219

19. Clance, Imes, *op. cit.*

impostor sería el sensible y cariñoso. El impostor crece debatiéndose así entre creerse esos adjetivos que se le han impuesto y rebelarse marcándose objetivos ambiciosos, esforzándose mucho en clase e intentando hacerlo todo lo mejor posible. Sin embargo, aun ganándose ese triunfo, puede que la familia se mantenga indiferente y no cambie la percepción de que el otro hermano es el inteligente. El impostor sigue esforzándose, pero como ese mito familiar continúa, empieza a preguntarse si los demás llevan razón y todo lo que él ha logrado hasta ahora ha sido gracias a la suerte o a otros factores.

ESTUDIO DE CASO

Shula creció con una hermana, Dana, dos años mayor que ella. Dana era la primogénita y resultó ser una niña brillante. A los diez meses ya caminaba, decía frases completas a los quince y a los tres años ya sabía leer. Para sus padres, Dana tenía un don y pusieron todos sus recursos y energía en ayudarla a alcanzar todo su «potencial». Shula, dos años menor, tenía la sensación de que sus logros pasaban más desapercibidos. También era muy lista, pero como sus logros eran acordes a su edad, no consiguieron mucha atención por parte de sus padres. No obstante, ellos siempre decían que Shula tenía otras cualidades especiales, al parecer, para que no se sintiera marginada. Así pues, hablaban de Shula como la «extrovertida», la que siempre se las apañaba para hacer amigos en cualquier situación. Dana era más reservada, de modo que Shula se ganó adjetivos como «vivaracha» y «simpática». A Shula no le importaban esos calificativos, pero sí le molestaba que sus méritos académicos no se apreciaran tanto, porque aunque eran buenos, no eran sobresalientes (al contrario que los de Dana). Shula se convirtió en alguien con mucha ambición y con metas intelectuales, pero nunca supo si intentaba demostrarse algo a sí misma o a sus padres. Sea como fuere, le parecía que nunca «demostraba» lo suficiente. Logró grandes cosas, premios académicos, una plaza en una prestigiosa universidad, una carrera de éxito, etc., pero siempre le pareció que todo eso no era nada comparado con lo que había conseguido Dana. Su hermana era el «cerebro» de verdad, mientras que Shula solo era alguien que fingía ser tan buena como ella.

Dinámica familiar de Tipo 2: El hijo pródigo

Esta es una dinámica familiar diferente; aquí, el impostor crece a la sombra de unas grandes expectativas que se le han impuesto. La familia lo pone en un pedestal, creyéndolo superior a cualquiera en todos los aspectos posibles: es más atractivo, inteligente, sociable, habilidoso, etc., que cualquier otro. El problema llega cuando el impostor empieza a experimentar el fracaso o al fin se da cuenta de que no es tan perfecto como cree su familia. Entonces comienza a desconfiar de la percepción que tienen sus padres de él y comienza a dudar de sí mismo. Al tener que esforzarse por cumplir las expectativas de sus padres, empieza a creer que no es el genio que ellos creen que es y que, por lo tanto, debe de ser un impostor.

El contexto familiar no es el único factor que lleva al SI, claro está. Hay muchas personas que reconocen estos tipos de familia y no se sienten impostores y, de igual manera, no todos los «impostores» habrán salido de tales familias. Más adelante en este capítulo veremos algunos de los otros factores determinantes comunes en los casos de SI.

- -

ESTUDIO DE CASO

Shane creció en casa con un hermano pequeño que tenía necesidades especiales. Su hermano tenía una personalidad fabulosa y era muy querido, pero evidentemente, nunca iba a «triunfar» como sus padres esperaban al imaginarse a sus hijos. Shane, por otra parte, era todo lo que sus padres habían soñado en un hijo. Según la percepción que Shane tenía de la opinión de sus padres, él era listo, amable, considerado y guapo. De hecho, le iba muy bien en el colegio, se pasaba horas cuidando de su hermano (y le encantaba) y llamaba muchísimo la atención del sexo opuesto (que él aceptaba gustoso). Sin embargo, al llegar a la edad adulta, Shane sentía la carga de las expectativas puestas en él. Tenía la sensación de que sus padres esperaban más de lo que él podría llegar a ser y que no era el modelo de la virtud que ellos querían que fuera. Debido a esta desconexión entre la opinión que tenían sus padres de él y lo que Shane percibía como real, se sentía un impostor: fingía ser lo que no era. Esto le causaba mucho estrés y cuanto más intentaba satisfacer las expectativas, más falso se sentía. Además, escondía cualquier prueba de que no era tan perfecto como ellos creían para usarla como otra muestra más de que era un farsante.

¿Cómo sé si tengo el síndrome del impostor?

En el informe original del síndrome del impostor, Clance e Imes explicaban que los indicios de tenerlo era un proceso dividido en etapas:

1. Las condiciones del preimpostor son tales que tienes unas expectativas bajas de éxito en la vida (véase la página 15).

2. Te percatas de tu éxito (que es inesperado) y luego experimentas un conflicto entre estos dos sentimientos. *Sabes* que eres exitoso, pero no *te sientes merecedor* de este éxito. A esto se le llama disonancia cognitiva, la incomodidad o el estrés mental que se da cuando alguien tiene, a la vez, dos creencias contradictorias entre sí.

3. Para solucionar esta desconexión, atribuyes tu éxito a causas externas y temporales (como la suerte) antes que a causas internas y estables (como tu propio talento).

Arriba: El proceso del síndrome del impostor.

Esto puede desencadenar ciertos comportamientos, señales y síntomas; puede que reconozcas algunos en ti mismo. Les echaremos un vistazo antes de pasar al test de autoevaluación del síndrome del impostor y conocer los distintos tipos de impostor que hay. Los comportamientos propios del síndrome del impostor incluyen:

Trabajar con muchísimo ahínco

El impostor siente que debe trabajar con una diligencia extrema para evitar que descubran su «falsedad». A menudo, esta estrategia de «encubrimiento» mediante el trabajo duro da sus frutos y te sientes bien —refuerza los esfuerzos realizados y te sientes aliviado de que tu esfuerzo te haya llevado al éxito—, pero después empiezas a pensar que solo has alcanzado el éxito porque te has esforzado mucho y esto te lleva a sentirte como un impostor otra vez. Así pues, el círculo vicioso de preocupación, trabajo duro y bienestar temporal continúa.

Arriba: El ciclo del trabajo duro y la sensación de impostura.

Esconder las opiniones verdaderas

Como el impostor no tiene confianza en sus propias habilidades, siente que debe esconder sus opiniones, por si estas denotan su inferioridad intelectual. Así pues, puede que un impostor evite exponer sus puntos de vista y formar parte de ciertos debates que quizá revelen una falta de conocimiento o que simplemente adopte los puntos de vista de otras personas. Esto puede adquirir la forma de «adulación intelectual», por la cual el impostor asimila los puntos de vista de la gente que cree que tiene la inteligencia o la superioridad de la que él carece.

Encontrar a un mentor «superior» al que impresionar

Otro signo del impostor es la necesidad constante de buscar y captar a alguien al que crea «superior» a él. Si puedes impresionar a tu héroe, puede que esto te valide como alguien genuino; si alguien tan increíble te respeta, seguro que eres auténtico a fin de cuentas. Esto puede desembocar en una «ofensiva de encanto», por la cual te congracias con esa persona, te interesas por las cosas que le interesan, encuentras motivos para trabajar con él, etc. En algunos casos, puede que llegue a entrañar una relación sexual.

Por desgracia, incluso la validación de este héroe no «cura» el síndrome del impostor subyacente. Esto se debe a que indefectiblemente llegarás a asumir que también has engañado a tu héroe, porque quizá has logrado distraerlo con tu encanto, interés en sus pasatiempos, etc. Además, puede que notes que buscas aprobación encarecidamente y esto refuerce tu opinión de que eres un farsante; a fin de cuentas, las personas talentosas de verdad no deberían necesitar la aprobación de los demás para validar sus habilidades. Tu misma necesidad refuerza la visión negativa que tienes de ti mismo.

ESTUDIO DE CASO

Ana fue elegida para ocupar un cargo en el ayuntamiento. Aunque estaba encantada, tenía miedo de sentirse fuera de lugar y no ser buena concejal. Los demás concejales parecían mucho más capaces y expertos que ella y Ana empezó a tener miedo de hablar en las juntas, por si descubrían la «verdad» sobre ella: que era una impostora que sabía muy poco y que nunca deberían haberla elegido. Sentía que quizá había podido engañar a sus electores, pero engañar a sus compañeros era harina de otro costal. No solo se callaba muchas veces, sino que además apoyaba a sus compañeros y elogiaba sus puntos de vista, aunque no los compartiese. Parecía la manera más segura de evitar que descubrieran su impostura ya que claramente sabían más que ella; así pues, si estaba de acuerdo con ellos no quedaría en evidencia.

ESTUDIO DE CASO

Julie llevaba varios meses viniendo a terapia conmigo por su baja confianza en sí misma y su poca autoestima. Era evidente que padecía el síndrome del impostor, pero tardé un tiempo en darme cuenta de que había desarrollado un patrón de buscar y entablar amistad con gente a la que admiraba o quería impresionar. Estas «amistades» eran muy intensas y con ellas se comportaba de un modo distinto al habitual con otros amigos. Estas amistades eran gente que ella admiraba y normalmente eran del sexo opuesto. Fantaseaba con impresionarlas y conseguir su admiración, más que mantener una relación sexual. Cuando el comportamiento rayaba la obsesión, intentaba pasar tiempo con sus héroes, compartir sus intereses y demostrar cuánto tenían en común. Se comunicaba con ellos de forma intensa por varios medios y solía quedar para tratar temas de trabajo o profesionales. No se daba cuenta, pero su objetivo parecía el de ser aceptada, importante e imponente a ojos del objeto de su interés, para sentir así que tenía algún valor. Invariablemente, estas amistades tan intensas se desvanecían con el tiempo, quizá porque eran demasiado intensas para la otra persona o porque el proyecto que los unía había finalizado. Esto dejaba a Julie consternada y menos valorada que nunca, algo que intensificaba su sentimiento de ser «falsa». Se había sentido importante y valorada durante esta amistad, pero al final le quedaba la sensación de que todo había sido algo falso y que ella también lo era. Entonces se buscaba a otro «objetivo» para sentirse valorada de nuevo.

Perfeccionismo

Para que el impostor demuestre su valor, debe hacerlo todo bien. Por lo tanto, los impostores temen al fracaso o a cualquier cosa que no llegue a la perfección, ya que esto refuerza el temor a que se les vea como falsos. Imagina un pintor que trabaja en un cuadro. Mientras pinta, muy en el fondo se pregunta por qué lo hace; en realidad no tiene talento. Sí, puede que tenga una exposición en una galería prestigiosa y viva cómodamente gracias a la venta de sus trabajos, pero no se cree tan talentoso y vive con el miedo de que descubran esta falta de talento y todo su éxito hasta la fecha se desvanezca. Así pues, sus obras tienen que ser perfectas; si no lo son, eso refuerza la idea de que no valen nada. Lo más probable es que destruyan cualquier obra que no satisfaga sus grandes expectativas; se desharán rápidamente de cualquier «prueba» que demuestre su falta de talento o habilidad.

Este perfeccionismo puede desembocar en un círculo vicioso, donde el miedo al fracaso lleva al perfeccionismo, que se manifiesta con un trabajo excesivo o no aceptar que el proyecto está terminado. En ocasiones, incluso, se teme empezar algo por miedo a que no sea lo bastante bueno.

ESTUDIO DE CASO

Jack era un artista de gran talento en el instituto. Quería estudiar Bellas Artes en la universidad y siempre lo habían elogiado por su talento. Sin embargo, se sentía mal porque sufría del síndrome del impostor; no se creía tan bueno como le decía la gente. Parte de esto se debía a que no era perfecto en todos los géneros artísticos. Su habilidad era el retrato y las naturalezas muertas no se le daban tan bien. Además, en uno de los exámenes no obtuvo la buena nota que esperaban los demás. Eso le hacía sentirse como un impostor y en un intento de aplacar ese sentimiento, quiso procurar que todas sus obras fueran perfectas, para demostrarse a sí mismo que era un artista de verdad y no el artista falso por el que él mismo se tenía. Esto dio lugar a la obsesión de no entregar nada que no estuviese perfecto, según él. Empezó a pasarse demasiado tiempo trabajando en cada obra, a veces incluso rompía los trabajos con los que no estaba completamente satisfecho, aunque les hubiera dedicado horas y horas.

Socavar los logros

A veces, el círculo del impostor perfeccionista cuenta con otro elemento: la manera en la que el impostor socava sus propios logros cuando los ha conseguido. Por consiguiente, el miedo al fracaso, a no trabajar lo suficiente, a que lo expongan como un farsante hace que el impostor trabaje con más ahínco, lo que, a su vez, conlleva logros, pero en lugar de considerar estos logros como un trabajo bien hecho, el impostor cree que es algo «no tan especial» y que cualquiera puede hacerlo. De este modo, el sentimiento de impostura permanece intacto; la consecución de ese logro no contrarresta la creencia de que no se es tan bueno y eso desemboca en una disonancia cognitiva: mantener dos posturas (o cogniciones) que se contradicen entre sí. Y esta es una sensación muy incómoda que debemos aliviar.

Puedes reducir este malestar de dos formas: o cambias tu creencia de no ser lo bastante bueno («Debo de tener talento a fin de cuentas») o cambias la cognición sobre el hecho de que has conseguido algo increíble («Lograr este trabajo no debía de ser tan complicado si al final lo conseguí»). A veces es más fácil cambiar la creencia sobre los logros porque esto permite que el sentimiento de no ser lo bastante bueno (que quizá lleva años fraguándose) permanezca intacto. Esto nos lleva al ciclo siguiente:

Subestimar los elogios

Relacionado con el malestar arriba citado tenemos el fenómeno perjudicial de subestimar los elogios de otras personas. Es una paradoja curiosa que el impostor ande desesperado por la aprobación y los elogios de los demás como validación de su talento y habilidad, pero cuando los recibe, le cuesta gestionar la contradicción que esto supone.

Como en el caso anterior, para reducir esta disonancia incómoda, el impostor debe cambiar una de las dos cogniciones o creencias, ya sea creyendo que de verdad es bueno (y merecedor de los elogios) o subestimando los elogios («no me lo dicen de verdad», «no tiene ni idea de nada»). De nuevo, es más fácil subestimar y restarle importancia al elogio que cambiar una creencia que quizá lleve años fraguándose.

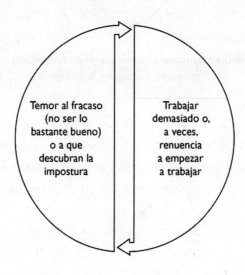

Arriba: El ciclo impostor-perfeccionista.

Arriba: Disonancia cognitiva provocada por la poca confianza en uno mismo y el reconocimiento del logro.

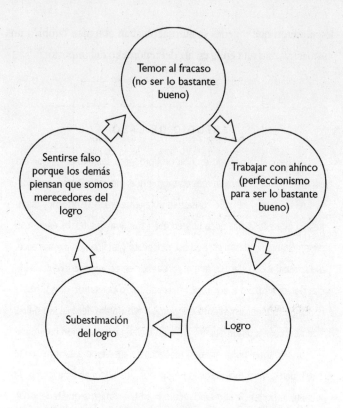

Arriba: El ciclo del perfeccionismo/subestimación del logro en el síndrome del impostor.

Autosabotaje

Otro comportamiento del SI es sabotear tu propio trabajo para tener una excusa en caso de fracaso. Por ejemplo, puede que no te hayas preparado lo suficiente para una entrevista o que no hayas estudiado a conciencia para un examen para limitar así tus sentimientos de ser un impostor. Si no lo haces bien, no te sentirás impostor. En una encuesta realizada a más de 400 personas, los investigadores descubrieron que quienes se autosaboteaban obtenían también una puntuación más alta en la escala del fenómeno del impostor.[20]

ESTUDIO DE CASO

Jo siempre había querido escribir un libro, pero sabía lo difícil que era encontrar un agente y aún más conseguir que una editorial se lo publicara. Creía que la gente que conseguía un agente era increíble, muy talentosa, y que ella jamás encajaría en esa categoría. Sus textos eran, a su parecer, tan solo pasables. Aun así, perseveró y, al final, un agente accedió a trabajar con ella. Sin embargo, cuando se desvaneció la euforia inicial de Jo, empezó a echar por tierra su logro pensando que si había conseguido tener un agente era porque eso no era demasiado difícil. Además, conseguir un agente era algo fácil en comparación con lograr que una editorial publicara tu libro; tener un agente no garantiza que te publiquen el libro. Incluso al conseguir que una editorial la publicara, Jo le quitó importancia al mérito recordándose a sí misma que tener un libro publicado no significaba que se fuera a vender. Cada logro que conseguía lo socavaba ella misma convenciéndose de que no era para tanto.

Así pues, ¿tienes el síndrome del impostor?

Puede que ya hayas reconocido alguno de los síntomas del síndrome del impostor en ti mismo. Es probable que muchos

----

20. Jarrett, C. (2010). Feeling like a fraud (Sentirse como un farsante). *The Psychologist*. https://thepsychologist.bps.org.uk/volume-23/edition-5/feeling-fraud

mostremos alguno de los síntomas mencionados más arriba, pero eso no significa que suframos el síndrome del impostor. De hecho, llegados a este punto, debemos recordar que el síndrome del impostor no es una enfermedad mental reconocida como tal (véase la página 16) y que, por lo tanto, no hay criterios profesionales estandarizados al respecto.

De todas formas, más abajo encontrarás un test de autoevaluación que diseñé para darte una idea aproximada de si los síntomas que tienes bastan para confirmar un diagnóstico de síndrome del impostor. El cuestionario está basado en los síntomas más comunes mencionados antes y no pretende ser una herramienta de diagnóstico de salud mental, sino una forma rápida y sencilla de determinar hasta qué grado te sientes impostor.

Arriba: Disonancia cognitiva provocada por la poca confianza en uno mismo y los elogios.

Más adelante examinaremos los diferentes tipos de impostor y habrá otro cuestionario para que identifiques tu «tipo» (véase la página 62); todo esto te ayudará a entenderte algo mejor y, por lo tanto, debería ayudarte a controlar el síndrome del impostor de una manera más eficaz.

Responde a cada una de las siguientes preguntas eligiendo la respuesta (1-4) con la que te sientas más identificado.

Cuestionario de autoevaluación

1. ¿Con qué facilidad aceptas los elogios?

Con dificultad	Con mucha dificultad	Con facilidad	Con mucha facilidad
1	2	3	4

2. Cuando haces algo bien, ¿con qué frecuencia le quitas importancia? (por ejemplo: ha sido fácil y cualquiera podría haberlo hecho, no ha sido nada especial)

Con frecuencia	Con mucha frecuencia	No suelo hacerlo	No lo hago nunca
1	2	3	4

3. Cuando haces algo bien, ¿con qué frecuencia atribuyes tu éxito a la suerte?

Con frecuencia	Con mucha frecuencia	No suelo hacerlo	No lo hago nunca
1	2	3	4

4. Cuando haces algo no tan bien, ¿con qué frecuencia atribuyes tu fracaso a la suerte?

No lo hago nunca	No suelo hacerlo	Con frecuencia	Con mucha frecuencia
1	2	3	4

5. Cuando haces algo mal o fallas, ¿con qué frecuencia atribuyes tu fracaso a tu falta de habilidad o a no haber trabajado lo suficiente?

Con frecuencia	Con mucha frecuencia	No suelo hacerlo	No lo hago nunca
1	2	3	4

6. Cuando haces algo bien, ¿con qué frecuencia atribuyes tu éxito a la intervención de otras personas («me han ayudado»)?

Con frecuencia	Con mucha frecuencia	No suelo hacerlo	No lo hago nunca
1	2	3	4

7. Cuando haces algo mal, ¿con qué frecuencia atribuyes tu fracaso a la intervención de otras personas («fue su culpa»)?

No lo hago nunca	No suelo hacerlo	Con frecuencia	Con mucha frecuencia
1	2	3	4

8. ¿Cuán importante es para ti ser el mejor en algo que te importa?

Muy importante	Bastante importante	No muy importante	Nada importante
1	2	3	4

9. ¿Cuán importante es para ti el éxito?

Muy importante	Bastante importante	No muy importante	Nada importante
1	2	3	4

10. ¿Con qué frecuencia te centras más en lo que no has hecho bien en comparación lo que sí has hecho bien?

Con frecuencia	Con mucha frecuencia	No suelo hacerlo	No lo hago nunca
1	2	3	4

11. ¿Cuán importante es para ti encontrar a un «héroe» al que acercarte e impresionar?

Muy importante	Bastante importante	No muy importante	Nada importante
1	2	3	4

12. ¿Con qué frecuencia te da miedo expresar tus puntos de vista y que la gente descubra tus carencias y desconocimiento?

Con frecuencia	Con mucha frecuencia	No suelo hacerlo	No lo hago (casi) nunca
1	2	3	4

13. ¿Con qué frecuencia te consideras incapaz de empezar un proyecto por miedo al fracaso?

Con frecuencia	Con mucha frecuencia	No suelo hacerlo	No lo hago (casi) nunca
1	2	3	4

14. ¿Con qué frecuencia no quieres terminar un proyecto porque no está lo bastante bien?

Con frecuencia	Con mucha frecuencia	No suelo hacerlo	No lo hago (casi) nunca
1	2	3	4

15. ¿Cuán feliz eres con un trabajo que has hecho y que sabes que no está perfecto?

Nada feliz	No muy feliz	Bastante feliz	Muy feliz
1	2	3	4

16. ¿Con qué frecuencia piensas que eres un impostor?

Con frecuencia	Con mucha frecuencia	No suelo hacerlo	No lo hago (casi) nunca
1	2	3	4

17. ¿Cuán preocupado estás por que se descubra tu falta de habilidad, talento o destreza?

Muy preocupado	Bastante preocupado	No muy preocupado	Nada preocupado
1	2	3	4

18 ¿Cuán importante es para ti la validación de los demás (por ejemplo: halagos y elogios)?

Muy importante	Bastante importante	No muy importante	Nada importante
1	2	3	4

Puntuación

El rango de puntuación es 18-72 y, cuanto más baja la puntuación, más propenso eres a sufrir el síndrome del impostor.

Para que te hagas una idea, las puntuaciones inferiores a 36 indican que tienes algunos elementos del síndrome del impostor. Sigue leyendo para ver qué tipo de impostor podrías ser. El resto del libro te ayudará también a entender de dónde provienen esas creencias impostoras, cómo convivir con ellas y mejorar la confianza en ti mismo.

Tipos de impostor

No todos los impostores son iguales; hay múltiples tipos. Una de las investigadoras del síndrome del impostor más prolíficas es Valerie Young, autora de *The Secret Thoughts of Successful Women: Why Capable People Suffer from the Impostor Syndrome and How to Thrive in Spite of It.* En el libro, Young esboza lo que ella llama «tipos de competencia», normas internas que siguen las mujeres que padecen este síndrome. Las normas son las que aprendemos a crear para nosotras mismas y que a menudo incluyen términos como *debería, siempre, no* y *nunca*. Esto permitió a Young distinguir cinco tipos de impostora, que se pueden aplicar también a varones:

El perfeccionista

Se ha hablado antes del perfeccionismo como una conducta asociada comúnmente al SI, pero también puede considerarse un tipo de impostor. Las personas impostoras perfeccionistas pueden marcarse metas y expectativas tan altas que rara vez consiguen alcanzarlas. El hecho de quedarse cortas refuerza la creencia de que no son lo bastante buenas.

Incluso si tienen éxito, es poco frecuente que se sientan satisfechas, puesto que creen que siempre pueden hacerlo mejor, quizá por pensar que se ponen el listón demasiado bajo. Suelen centrarse en lo que se puede mejorar en lugar de en lo que han hecho bien, y el resultado final siempre es ansiedad, inseguridad e infelicidad.

Cuando las personas perfeccionistas no cumplen con las expectativas que se han marcado, tienen dificultades para olvidar la decepción y el sentimiento de fracaso; si formas parte de este grupo, puede que te pases días y días dándole vueltas a lo que hiciste mal y a lo que podrías o deberías haber hecho. Puedes llegar a ver cualquier fallo como un reflejo de tus propias capacidades y llegar a la conclusión de que eres un fracaso. Esto, a su vez, demuestra que puedes sentirte un impostor por pensar que podrías haber tenido éxito o por creer que otros consideran que lo tienes.

Como perfeccionista, es probable que rechaces delegar en otros porque nadie es capaz de alcanzar las metas tan altas que te propones (ni siquiera tú, como comprobarás a menudo); debido al esfuerzo profundamente obsesivo, sabes que tienes más probabilidades de alcanzarlas que los demás.

NORMAS INTERNAS DEL IMPOSTOR PERFECCIONISTA

Todo lo que hago debe ser perfecto.

No puedo cometer errores.

Si las cosas no están perfectas, entonces soy un farsante.

Si lo hago todo a la perfección, puede que me
haya puesto metas demasiado bajas.

Siempre puedo hacerlo mejor.

Si no es perfecto, he fracasado.

Si no puedo hacerlo a la perfección, no tiene sentido intentarlo.

ESTUDIO DE CASO

Marilyn es organizadora de eventos y dirige su propia empresa. Significa mucho para ella y se enorgullece de ser la mejor, pues la atención al detalle es su sello distintivo. El problema es que exige la perfección, tanto a sí misma como a su personal. Pasa días planificando el evento perfecto para un cliente; por un lado esto la ayuda a ganar dinero, pero por otro está siempre trabajando. Nunca se separa del teléfono y siempre está recibiendo o enviando correos electrónicos. Y constantemente anda buscando el mejor producto. Aunque encuentre algo adecuado para una temática, sigue buscando por si acaso hubiera algo mejor en el mercado. Normalmente recibe elogios de sus clientes, que quedan encantados, pero rara vez disfruta de ello, dado que se centra únicamente en lo que ha salido mal o se podría haber mejorado. El cliente no suele darse cuenta siquiera de los deslices; sin embargo, Marilyn los tiene muy presentes. Incluso cuando le dedican halagos, le cuesta aceptarlos: se siente una farsante porque todos piensan que el evento ha ido de maravilla, pero ella sabe que no ha sido así.

A Marilyn también le cuesta delegar cualquier parte del evento porque siempre piensa que ella puede hacerlo mejor; si un miembro del personal investiga un producto, ella también lo hará y siempre acabará encontrando algo mejor. Incluso en las ocasiones infrecuentes en las que acepta que todo ha salido a la perfección, Marilyn es incapaz de relajarse y disfrutar del éxito: se pregunta si debería haberse puesto el listón más alto y haber hecho algo más espectacular.

La supermujer/el superhombre

La supermujer/el superhombre es un tanto diferente de la persona perfeccionista en cuanto a que su sensación de triunfo no está tan conectada a lo que hace sino a *cuánto* hace. Si eres una supermujer o un superhombre, entonces crees que tienes que ser bueno en todo. De hecho, no basta con ser bueno: hay que ser excelente, brillante, incluso el mejor, en todo. Así pues, sientes una mayor competencia que la persona perfeccionista, cuyo perfeccionismo puede limitarse a un solo ámbito, como el trabajo, la pintura, la cocina, etc. Los superimpostores se enorgullecen al principio de lo competentes que son realizando múltiples tareas y de seguir destacando en todas. El tipo original de superimpostor que se identificó fue la supermujer que creció pensando que podría tenerlo todo, así que se esforzó para ser la mejor madre, mujer de negocios, esposa, hija, etcétera. Hoy en día, este tipo no se limita a las mujeres, dado que muchas personas adoptan multitud de papeles en la vida.

Cuanto más abarque el *supertú*, mayor capacidad tienes de demostrarte a ti mismo y al mundo lo increíble que eres. Estás constantemente buscando aprobación externa en lugar de escuchar la voz interior que te hacer ver el éxito que tienes. Por esta razón, puede que te cueste relajarte y disfrutar de la inactividad: tienes que estar haciendo algo todo el tiempo para demostrar tu valía y te vanaglorias por la admiración de la gente cuando se maravillan de lo bien que lo gestionas todo. El problema es que estás tendiéndote una trampa para el fracaso: no es posible ser brillante en tantos aspectos. No puedes ser el padre, la empresaria, el voluntario, el hijo, la hermana, el ama de casa, el cocinero o la amiga perfecta; es imposible tener una competencia tan extensa. Cuando experimentas el inevitable «fracaso» en cualquiera de los papeles, cuando uno de los malabares se cae, te reprendes a ti mismo y lo consideras una evidencia de tu falsedad. Has trabajado mucho para crear esa imagen maravillosa pero la realidad es que te has quedado corto, por lo que te sientes como un impostor.

NORMAS INTERNAS DEL SUPERIMPOSTOR

Tengo que ser brillante en todo.

Cuanto más hago, mejor soy.

Si no soy perfecto en cada papel que desempeño, he fracasado.

Debo ser capaz de realizar múltiples tareas.

Debería ser capaz de salir adelante.

No salir adelante es una señal de debilidad.

Si fracaso en algo, eso demuestra que soy un farsante.

ESTUDIO DE CASO

Chloe, madre de tres niños, es la directora de una empresa benéfica. Además, es vicepresidenta del consejo en el colegio de sus hijos, voluntaria en la residencia de ancianos donde vive su abuelo y corre medias maratones para ayudar a su organización benéfica favorita. En casa, le gusta cocinarlo todo ella: no se fía de la comida precocinada porque cree que está llena de productos químicos. Le apasiona alimentar a su familia siempre con platos sanos y les lleva bollitos caseros a sus hijos cuando los recoge del colegio. También suele cocinar para las ferias y eventos escolares.

Todos piensan que Chloe es fantástica y normalmente recibe felicitaciones por lo mucho que trabaja. Le gusta mantenerse activa y se jacta de los elogios que le hacen. Le apasiona entretener a los demás y celebra cenas en las que disfruta impresionando a los invitados con su destreza culinaria. Sus amigos siempre le dicen que no saben cómo consigue hacerlo todo. Le enorgullece que sus hijos se vistan con la ropa impecable y planchada a pesar de su horario agotador. Aparte de un poco de ayuda con la limpieza, lo hace todo ella sola.

Sin embargo, hace poco ha empezado a sentirse como una impostora. Todos la alaban como si fuese una supermujer, pero ella no considera que sea cierto. Está empezando a tener dificultades y ha comenzado a reducir su rutina para poder seguir adelante: le pide a alguien que planche, compra algunos alimentos precocinados de gran calidad y ha reducido el ejercicio. Se siente una impostora porque no es la supermujer que todo el mundo piensa. De hecho, Chloe cree que ya no puede hacer todo lo que hacía antes. Su incapacidad de salir adelante le demuestra lo impostora que es.

El genio innato

Si eres este tipo de impostor, puede que hayas tenido un éxito temprano y hayas crecido pensando que la grandeza es algo con lo que se nace. Puedes pensar, por tanto, que eres una persona impostora si tienes que esforzarte en algo. Como genio innato, es probable que te haya resultado sencillo triunfar al principio; tal vez sacabas muy buenas notas en el colegio sin tener que esforzarte mucho. Con esto te granjeaste el calificativo de *genio*; sin embargo, el problema está en que la mayoría de las personas no pueden mantener este nivel de éxito sin esfuerzo. Como necesitas esforzarte, crees que ya no eres un genio: solo estás triunfando porque trabajas muchísimo, por lo que no eres un genio innato, al fin y al cabo. La cuestión es que solo concibes que debes ser un genio *innato*, así que cualquier esfuerzo por tu parte demuestra que eres un impostor. Cuanto más tengas que trabajar para conseguir el éxito, más estás demostrando que eres un farsante.

El genio innato no acepta que la mayoría de las personas novatas no se conviertan en expertos enseguida. Si eres un genio innato, no logras comprender que hay muchas etapas entre no ser bueno y ser brillante: lo percibes todo como blanco o negro. Pones el listón extremadamente alto, de la misma forma que la persona perfeccionista; la diferencia es que estas últimas se permiten intentarlo una y otra vez (a menudo durante demasiado tiempo) hasta triunfar, mientras que el esfuerzo desanima a los genios innatos, que pretenden ser perfectos demasiado rápido. Por la misma razón, se sienten molestos si les ofrecen o necesitan ayuda, puesto que creen que deberían ser capaces de hacerlo todo solos. Incluso puede que rechacen afrontar nuevos desafíos por si acaso no se les da extremadamente bien o se desalientan con facilidad y se rinden.

NORMAS INTERNAS DEL IMPOSTOR
GENIO INNATO

Tengo que hacerlo bien a la primera.

Debería ser fácil para mí.

Si de verdad fuese un genio o tuviese talento, no sería tan difícil.

El éxito tiene que ser sencillo; si no, soy un farsante.

Si tengo que esforzarme mucho para conseguir algo es porque se me da mal.

ESTUDIO DE CASO

James siempre ha triunfado con facilidad. Era un estudiante modelo en el colegio y apenas debía esforzarse; para él, hacer los exámenes era coser y cantar. De adolescente, incluso consiguió unas prácticas increíbles gracias a los contactos de sus padres. Esto le permitió entrar en una prestigiosa universidad para estudiar política. Durante los dos primeros años todo le fue viento en popa, tuvo una vida social ajetreada y salió con muchas mujeres atractivas. Todos pensaban que era como el rey Midas y su familia y amigos lo llamaban el «chico de oro». La vida le iba genial.

No obstante, las cosas se torcieron en el tercer año de universidad. Una parte de sus estudios consistía en realizar un trabajo de investigación individual. Encontró una organización que le permitiría el acceso para realizar el trabajo, pero la propuesta se vino abajo en el último momento y James quedó abandonado a su suerte. Se lo tomó muy mal y se desmotivó. Tuvo dificultades para encontrar otra organización y empezó a estresarse. Esto comenzó a reflejarse en sus resultados académicos, que se resintieron. Se empezó a sentir un farsante y un impostor: tal vez no debería estar en la universidad. Desde luego no era el chico de oro que todos pensaban; si lo fuese, no estaría teniendo esos problemas. Con el tiempo encontró otra organización para hacer el trabajo de investigación y recuperó los buenos resultados, pero la reputación de ser una especie de genio que había tenido en la infancia le suponía una carga. Sentía que no era la persona que todos pensaban; en realidad, creía que no le iba bien en los estudios y no podría triunfar en la política porque se había convertido en una lucha para él.

El individuo solitario

Si eres este tipo de impostor, crees que el éxito significa que puedes hacerlo todo solo. No es que no quieras formar parte de un equipo, sino que, si obtienes ayuda de cualquier clase, le restarás importancia al éxito. Hay una diferencia con la forma en la que el genio innato rechaza la ayuda; este siente que debería poder lograrlo por sí mismo. Los individuos solitarios rechazan la ayuda porque piensan que no podrán considerar los resultados como un éxito: «no he sido yo; me han ayudado». Quieren llevarse todo el mérito porque eso aumenta su autoestima. Si obtienen ayuda y alguien los felicita, se sienten como unos impostores. Asimismo, si los individuos solitarios pidiesen ayuda o alguien se la ofreciese, podría significar que los demás se han dado cuenta de que son unos farsantes que no saben lo que están haciendo o que no pueden arreglárselas solos. Pedir ayuda demuestra su falsedad.

- -

NORMAS INTERNAS DEL IMPOSTOR
INDIVIDUO SOLITARIO

Debería ser capaz de hacerlo solo.

Si me ofrecen ayuda es porque han descubierto que soy
un impostor.

Si acepto la ayuda significa que no me valgo por mí mismo.

Los logros en solitario son los realmente importantes.

- -

- -

ESTUDIO DE CASO

Mark es un ejecutivo publicitario muy creativo. Lo único que le apasiona es demostrar su creatividad con una idea genial para una campaña publicitaria y vendérsela a su cliente. Es conocido por sus ideas brillantes, tiene fama de ser una persona enormemente creativa en el trabajo y se siente realizado con los elogios que recibe.

Sin embargo, el punto débil de Mark es que odia trabajar en equipo; malas noticias, teniendo en cuenta que la mayoría de las campañas publicitarias son un trabajo colectivo. Si forma parte de un equipo que gana una cuenta, entonces tachará ese triunfo de su «lista» personal. Si no tiene suficientes logros en solitario apuntados en la lista, comienza a sentirse un fracasado. No obstante, todos siguen considerándolo una persona increíblemente creativa porque siempre propone las ideas iniciales en las reuniones. Así pues, conserva su reputación de grandeza, aunque rara vez se siente merecedor de ella. Para Mark, la grandeza proviene del trabajo que realiza de forma individual, no colectiva.

El otro punto débil de Mark es que nunca pide ayuda en ninguna campaña. A menudo tiene dificultades con algunos aspectos del trabajo, pero cree que si lo ayudan no solo significará que el logro no «cuenta» (y, por tanto, se sentirá más fracasado aún), sino que sentirá que, si pide ayuda, demostrará su impostura: si fuese la persona creativa que todos piensan, no la necesitaría.

El experto

Si eres este tipo de impostor, pueden considerarte un experto en tu campo, pero no sientes que lo merezcas. Para el experto hay un umbral de *experiencia* que aún no has sobrepasado (y puede que nunca lo hagas). Esto se debe a que el umbral se encuentra a un nivel inalcanzable: para ser un experto debes saberlo todo acerca de una materia o un área. Evidentemente, nadie puede saberlo todo, por lo que es muy probable que el experto se quede corto y se demuestre que en realidad es un impostor.

Como experto, puedes tener perfectamente un montón de cualificaciones que demuestren tu valía, pero sentirás que de alguna manera las has obtenido por casualidad, por suerte, o mediante alguna triquiñuela. Puede que te avergüence cuando se refieran a ti como un experto porque crees que no mereces el calificativo.

Como impostor experto puede que hayas invertido muchísimo tiempo y recursos en intentar aprender y formarte cada vez más para convertirte en el experto que crees que deberías ser. Siempre es bueno invertir en tu desarrollo profesional y aprender, desde luego, pero eso puede convertirse en una obsesión para los impostores expertos. No crees en el aprendizaje sobre la marcha, es decir, en la experiencia. Te sientes constantemente no lo bastante cualificado y rechazas buscar otros puestos o el ascenso por esta falta de experiencia. Por ejemplo, aunque reúnas cinco de las seis competencias que requiere una oferta de empleo, no la solicitarás. Incluso puede que rechaces o te muestres reacio a utilizar tus habilidades hasta que seas suficientemente *experto*, momento que nunca llegará porque tu listón de experiencia está increíblemente alto.

- -

NORMAS INTERNAS DEL IMPOSTOR EXPERTO

Tengo que saberlo todo para ser un experto.

Si no lo sé todo, soy un farsante.

No puedo recurrir a mis habilidades hasta que sea un experto.

No estoy suficientemente cualificado.

Si fuese inteligente de verdad, ya sabría esto.

No puedo pedir ayuda porque eso demuestra que soy un farsante;
se supone que soy un experto.

Necesito más conocimiento, experiencia o habilidades
para exponerme.

Otros saben más que yo.

- -

ESTUDIO DE CASO

Vicki es una agente inmobiliaria y recientemente ha empezado a trabajar en los medios como experta. Le pidieron que comentase en el periódico local una historia en la que había involucrada una propiedad y, a partir de entonces, empezaron a lloverle las ofertas en medios de comunicación. Ahora aparece con regularidad en numerosos medios locales y nacionales para hablar de todo tipo de cuestiones, desde los precios de las casas hasta cómo hacerlas más atractivas al comprador.

Todo esto es genial para el negocio, pero a Vicki le cuesta asimilar este papel de experta. No se siente como tal en absoluto y, de hecho, después de apenas tres años en el negocio, hay otras personas mucho mejor cualificadas que ella para ser consideradas expertas. Cree que necesita mucha más experiencia y comienza a sentirse una impostora. Cuando la felicitan en las entrevistas de radio, se siente aún peor y pasa mucho tiempo preocupándose por lo que dijo y si estuvo a la altura; cree que alguien con más experiencia podría haber dicho algo más adecuado o más sensato.

Para combatir estos sentimientos, Vicki se ha aficionado a leer cualquier cosa que haya en las redes acerca de propiedades e inmuebles. Se ha empezado a obsesionar con saberlo todo; sin embargo, siente que ni lo sabe ni lo sabrá jamás, lo que refuerza sus sentimientos de impostora. En el trabajo, siente que por ser una experta debería saberlo todo y no se atreve a pedir ayuda; si lo hiciese, todos se darían cuenta de que es una impostora. Sigue seleccionando cursos y eventos de formación a los que asistir para convertirse en la experta que todos piensan que es.

¿Qué tipo de impostor eres?

Ahora que hemos analizado los cinco tipos principales de impostor, puede ser útil comprobar en cuál encajas. Puede que después de leer las descripciones te hayas hecho una idea, pero el cuestionario que encontrarás a continuación puede ayudarte si aún tienes dudas o si necesitas asegurarte.

Te recuerdo que este cuestionario no es un instrumento de diagnóstico, aunque te permitirá entender un poco mejor de dónde proviene esa sensación de ser un impostor (si la tienes). Es el primer paso para conocer las herramientas y estrategias de gestión del SI que se presentan a lo largo del libro.

¿Con cuál de las siguientes afirmaciones estás de acuerdo? Marca las que te conciernan.	
Es importante que si hago algo, debo dar el 100 por ciento.	A
Me siento bien si desempeño muchos papeles, siempre que lo haga bien.	B
Si no consigo que algo salga bien a la primera, me rindo.	C
Prefiero hacer las cosas sin ayuda.	D
No tengo suficiente conocimiento en los campos en los que me consideran un experto.	E
Si cometo errores, he fracasado.	A
Es importante hacer mil cosas al mismo tiempo y hacerlas bien.	B
Si algo me resulta difícil, es porque no se me da bien.	C

Si necesito que alguien me ayude, sabrán que soy incompetente.	D
Tengo que leer y formarme para saberlo todo acerca de mi sector.	E
Si no puedo hacer algo a la perfección, será mejor que no lo haga.	A
La gente me admira porque hago muchas cosas diferentes.	B
Si tengo que esforzarme en algo, es porque no se me da bien.	C
El éxito solo cuenta si lo has obtenido sin ayuda.	D
Otras personas saben mucho más que yo.	E
Me cuesta acabar un proyecto y darle el visto bueno.	A
Los demás se preguntan a menudo cómo consigo llevar a cabo tantas tareas.	B
Siempre he tenido éxito de una manera sencilla.	C
Estoy acostumbrado a trabajar sin ayuda.	D
Tengo la sensación de que la gente piensa que tengo más conocimiento del real.	E
Si logro algo probablemente sea porque es demasiado sencillo y cualquiera puede hacerlo.	A
Si un aspecto de mi vida no va bien, me siento un fracaso.	B
Tengo la sensación de que la gente piensa que soy un genio.	C
Tengo una sensación de logro mayor cuando he triunfado sin ayuda de nadie.	D
No tengo las capacidades que los demás creen.	E

Puntuación

Haz una suma de las letras que has elegido más y utiliza la siguiente tabla para interpretar lo que esto significa. Ten en cuenta que algunos impostores pueden catalogarse en más de un tipo. Puedes ser experto e individuo solitario, por ejemplo.

Mayormente A	Perfeccionista
Mayormente B	Supermujer/Superhombre
Mayormente C	Genio innato
Mayormente D	Individuo solitario
Mayormente E	Experto

En los siguientes capítulos hablaremos de estos tipos cuando profundicemos en la manera en que se desarrolla el síndrome del impostor, y en qué podemos hacer para convertir nuestros sentimientos de inseguridad en autoconfianza.

2

Por qué tantas personas nos convertimos en impostores: el papel de la sociedad

En el primer capítulo, abordamos algunos de los motivos más «históricos» que pueden llevar a las personas a desarrollar el síndrome del impostor, como las circunstancias familiares o diversos acontecimientos relacionados con el estilo de vida. Este capítulo se centrará en el papel de la sociedad y los motivos psicológicos que podrían provocar que una persona tienda a sentirse un impostor. Examinaremos un abanico de factores que podrían contribuir a que el SI sea tan prevalente hoy en día, como el impacto de las redes sociales en la autoestima y las expectativas sociales de uno de los grupos de mayor riesgo, la llamada generación milenial.

Comprender estos factores te ayudará a identificar las razones por las que puedes haber desarrollado la sensación de ser un impostor y a comprender que no es culpa tuya; sufrir el SI no es una muestra de debilidad ni un fracaso. Muy al contrario, la sociedad actual parece diseñada para fomentar el SI, por lo que no es casual que tantas personas lo experimentamos.

Una vez hayamos entendido las causas de nuestro SI, podremos investigarlo en grupos de personas y entornos específicos, como las mujeres, los hombres, los padres y sus hijos, o bien en el trabajo o en la esfera social. Los examinaremos en los capítulos siguientes, juntamente con estrategias y consejos para gestionar estos sentimientos y creencias de ser impostores.

El papel esencial de la autoestima

Es probable que una de las causas clave subyacentes del síndrome del impostor de cualquier individuo esté relacionada con una baja autoestima, una baja autoconciencia y una baja autoconfianza. Toda la razón de ser del impostor es que no se siente lo bastante bueno, y la baja autoconfianza, la baja autoconciencia y la baja autoestima son los factores que le arrastran a esta conclusión.

A menudo, esta sensación de no ser lo bastante bueno (¿para qué o para quién?) nace en la infancia y se interioriza como una «creencia fundamental». Se trata de creencias o valoraciones sobre nosotros mismos que aprendemos de otras personas e integramos inconscientemente en nuestra naturaleza.

¿CUÁL ES LA DIFERENCIA ENTRE AUTOESTIMA, AUTOCONFIANZA Y AUTOCONCIENCIA?

La *autoconfianza* está relacionada con lo que sentimos que somos capaces de hacer o lo que se nos da bien, mientras que la *autoconciencia* se refiere a lo que consideramos cierto sobre nosotros mismos. La *autoestima* se refiere a la imagen que tenemos de nosotros en conjunto, sin valorar elementos específicos. Refleja el grado de aprobación, aceptación y valoración externas que percibimos. Una baja autoestima significa que tenemos una opinión negativa de nosotros mismos.

En mi caso, por ejemplo, puede que tenga una baja *autoconfianza* en mi capacidad para ganar una carrera de 100 metros. Mi *autoconciencia* me dicta que no se me da muy bien correr. Sin embargo, esta situación puede no afectar a mi *autoestima*: puedo seguir valorándome y reconocer que mi habilidad atlética (o su ausencia) no tiene ningún impacto en mi condición de persona buena, amable, brillante o válida.

Por otro lado, si considero que ser capaz de correr es esencial para mi amor propio, mi *autoestima* puede verse afectada. Mi identidad podría estar íntimamente ligada a la capacidad para correr rápido, tal vez porque soy una atleta retirada. En ese caso, ser incapaz de ganar una carrera podría hacerme sentir inútil y, por lo tanto, afectar a mi *autoestima*.

La *autoestima* se divide en dos partes. Por un lado, se halla la autoestima «global» o «de rasgos», que es bastante estable, y por el otro, la autoestima «específica», que puede variar en función de las circunstancias de cada momento. En este sentido, mi autoestima puede ser alta porque tengo una buena opinión general de mí misma, pero mi autoestima específica cuando voy a una fiesta, por ejemplo, podría ser baja si no me siento bien conmigo misma en ese contexto festivo en concreto.

Las pruebas se equivocan; soy un impostor

No soy lo bastante bueno (baja autoestima)

Tengo pruebas de que soy lo bastante bueno

Arriba: El ciclo de la autoestima del impostor.

Por supuesto, es normal que cualquier persona dude de sí misma ocasionalmente y que flaquee su confianza. De hecho, el exceso de confianza también se considera un problema e incluso tiene un nombre: el efecto Dunning-Kruger, un sesgo cognitivo o mental de superioridad que se utiliza para describir la incapacidad o la negativa constante a identificar nuestra propia ignorancia o incompetencia (volveremos al tema más adelante, véase la página 117).

Sin embargo, un estado de baja autoestima crónica no es saludable. A menudo conlleva sentimientos de inferioridad, desesperación, tristeza y depresión, e incluso podría predisponer al suicidio.[21] Además, se ha demostrado que guarda una estrecha relación con el síndrome del impostor.

El ciclo de la autoestima en el síndrome del impostor es obvio. Si tienes una opinión negativa de ti mismo, hagas lo que hagas nunca te parecerá suficiente. Si hay pruebas que demuestran lo contrario, acabarás en un estado de disonancia cognitiva (véase la página 38), debatiéndote entre dos creencias contradictorias sobre ti mismo. Para resolver este sentimiento tan desagradable, deberás cambiar una de tus cogniciones (o creencias); puedes o bien cambiar tu *creencia fundamental* de que no eres «lo bastante bueno» o bien cambiar la cognición de que dispones de pruebas que demuestran que *sí eres* lo bastante bueno. Como las creencias fundamentales suelen ser increíblemente difíciles de remodelar, suele ser más sencillo sustituir la creencia «hay pruebas que demuestran que soy lo bastante bueno» por «las pruebas no son fiables». Este proceso puede deberse al tipo de conductas del impostor descritas en el primer capítulo, como pensar: «Este logro ha sido una pura cuestión de suerte; en realidad soy un impostor».

Sin embargo, si el SI está causado en parte por una baja autoestima, ¿qué provoca esa baja autoestima para empezar? Se pueden sugerir muchas razones para el desarrollo de esa creencia fundamental de «no soy lo bastante bueno», entre las que se incluyen:

---

21. J. N. Egwurugwu, P. C. Ugwuezumba, M. C. Ohamaeme, E. I. Dike, I. Eberendu, E. N. A. Egwurugwu, R. C. Ohamaeme, Egwurugwu U. F (2018). Relationship between Self-Esteem and Impostor Syndrome among Undergraduate Medical Students in a Nigerian University (Relación entre la autoestima y el síndrome del impostor entre estudiantes universitarios de Medicina de una universidad nigeriana). *International Journal of Brain and Cognitive Sciences* 7(1) 2163-1840; 7(1): 9-16.

- *La desaprobación de los padres o de figuras de autoridad:* crecer escuchando que no hacemos las cosas bien a menudo puede llevar a internalizar una creencia de este tipo. Aunque esta desaprobación solo esté relacionada con un aspecto de nuestra vida (como la habilidad para las matemáticas o la apariencia física), se puede generalizar a otras áreas. De este modo, «no se me dan bien las matemáticas» se transforma en «no se me da bien nada».

- *Padres excesivamente controladores:* esta circunstancia también puede conducir a una baja autoestima, ya que los niños pueden crecer sintiendo que no saben hacer nada por sí mismos. En un estudio realizado entre universitarios británicos, los investigadores descubrieron que los que declaraban tener unos padres más controladores y protectores también tendían a obtener una puntuación más alta en la evaluación de su grado de fingimiento y falsedad.[22] Un estudio realizado en Australia en 2006 entre una amplia variedad de profesionales descubrió, de forma similar, que las puntuaciones elevadas en una escala de fingimiento y falsedad estaban asociadas a declaraciones de tener un padre sobreprotector.[23] Se cree que los hijos de padres sobreprotectores son más propensos a atribuir sus éxitos a la implicación de sus padres que a sus propias capacidades, por lo que se sienten como impostores cuando reciben halagos.

---

22. Jarrett, C. (2010). Feeling like a fraud (Sentirse como un farsante). *The Psychologist*. https://thepsychologist.bps.org.uk/volume-23/edition-5/feeling-fraud
23. *Ibid.*

- *Falta de atención de los padres:* crecer sin la adecuada participación o atención por parte de los padres puede dar a los niños la sensación de que no merecen dicha atención y que nada de lo que hagan es digno de ser tenido en cuenta.

- *Ser víctima de acoso escolar:* el acoso escolar en la infancia puede tener un impacto extremadamente negativo en la autoestima en desarrollo de un niño, sobre todo si carece de otras figuras en su vida que le hagan llegar señales potentes de refuerzo para compensar los mensajes negativos de los acosadores.

- *Malos resultados académicos:* un mal desempeño en la escuela puede desembocar en una autoestima baja, dado que el niño aprende que «no es bueno». Obtener malas calificaciones o necesitar ayuda adicional puede transmitir el mensaje de que uno no es lo bastante bueno, sobre todo cuando el buen rendimiento académico se ve ampliamente recompensado.

- *Creencias religiosas:* en ocasiones, los niños que crecen pensando que han pecado pueden llegar a creer que no merecen el amor de Dios.

- *Ser comparado negativamente con otros:* este factor suele referirse a la comparación entre hermanos, pero podría ser con otras personas cercanas o incluso con amigos.

- *Comparación social:* a veces quienes realizan las comparaciones no son otras personas sino uno mismo. Las redes sociales son en gran medida responsables de las comparaciones sociales insanas. Retomaremos este punto hacia el final del capítulo.

- *Apariencia:* nuestro aspecto puede ser un factor crucial para el desarrollo de una autoestima sana (o insana). Una persona descontenta con su aspecto puede traducir fácilmente la idea «mi aspecto no es lo bastante bueno» por «no soy lo bastante bueno».

- *Abusos:* los niños que sufren abusos pueden crecer pensando que merecen que los traten mal porque no son dignos de nada mejor. El razonamiento también es aplicable a los adultos que han sido víctimas de abusos.

Volveremos a los temas relacionados con la autoestima en capítulos posteriores dedicados a la paternidad, en los que consideraremos cómo minimizar el riesgo de que tus hijos desarrollen el SI.

El sesgo de atribución y el síndrome del impostor

Todos los factores mencionados anteriormente pueden conducir al desarrollo de modos de pensar, o *patrones de pensamiento*, que pueden contribuir al desarrollo del SI. Uno de estos patrones está relacionado con una forma de pensar denominada *sesgo de atribución*.

El sesgo de atribución se refiere a los errores que cometemos a menudo, o al sesgo que aplicamos, cuando tratamos de encontrar los motivos tras el comportamiento de otras personas o de nosotros mismos. Tratamos constantemente de descubrir por qué tanto nosotros como las personas que nos rodean hacemos cosas, conseguimos cosas y ganamos o perdemos en cada momento; todo forma parte de nuestro esfuerzo por dar sentido al mundo. Si una entrevista de trabajo te va mal, por ejemplo, puedes culparte a ti mismo por no haberla preparado adecuadamente (este razonamiento se denomina *causalidad interna*, porque concentra la culpa en tu interior) o puedes culpar al entrevistador por haberte realizado preguntas difíciles (en este caso se trata de una *causalidad externa*, porque atribuyes la culpa a algo o alguien ajeno a ti).

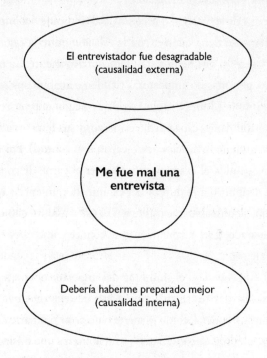

Arriba: Cómo podemos explicar nuestros resultados usando la causalidad interna o externa.

Evidentemente, en ocasiones esta causalidad interna o externa puede ser acertada, pero si tendemos a explicar siempre lo que nos ocurre con una correspondencia externa (siempre es culpa de otra persona) o únicamente con una correspondencia interna (siempre es culpa mía), es probable que nuestros patrones de pensamiento estén sesgados y no nos sean de utilidad, lo que llamamos «errores de pensamiento».

Cuando intentamos explicarnos la conducta humana, podemos cometer errores de pensamiento de distintos tipos, que denominamos errores de atribución.

El error de atribución que conduce al síndrome del impostor probablemente tiene que ver con la relación entre la *causalidad interna y externa* que hemos apuntado anteriormente. La mayoría de las personas no-impostoras tienden a atribuir sus *éxitos* a factores internos (por ejemplo, cosas que tienen que ver con sus propias habilidades, capacidad o esfuerzo) y sus fracasos a factores externos (circunstancias que escapan a su control). Por ejemplo, si suspenden el examen para obtener el carné de conducir, pueden atribuirlo a la dureza del examinador, mientras que, si aprueban, es probable que atribuyan el éxito a lo mucho que se han preparado. Este razonamiento se conoce como el «sesgo de autoservicio».

Sin embargo, con el síndrome del impostor ocurre justo lo contrario. Los éxitos se atribuyen a factores externos que escapan a nuestro control, como la suerte o un error por parte de otra persona, mientras que los fracasos se atribuyen a uno mismo (debería haberme esforzado más).

Atribuciones del éxito		Atribuciones del fracaso	
No impostor	Impostor	No impostor	Impostor
He tenido éxito gracias a mi propio esfuerzo o talento (atribución interna).	He tenido éxito por causas que no tienen nada que ver con mi esfuerzo o talento (atribución externa).	Mi fracaso no ha sido culpa mía (atribución externa).	Mi fracaso ha sido culpa mía (atribución interna).

Además de las atribuciones internas *versus* las atribuciones externas, hay otros dos factores que deben tenerse en cuenta cuando adjudicamos una causa a cualquier conducta o resultado. Para empezar, determinamos si el comportamiento es estable o inestable y, a continuación, si es controlable o incontrolable.

Estable	Si crees que el resultado es estable, es probable que se repita en la próxima ocasión. «Por mucho que me esfuerce, fracasaré».
Inestable	Si, por el contrario, es inestable, probablemente el resultado será distinto en la próxima ocasión. «La próxima vez me esforzaré más y puede que tenga éxito».

Controlable	Puedes alterar o influir en el resultado si lo deseas. «Si me preparo para la entrevista, tendré más opciones».
Incontrolable	No puedes alterar el resultado fácilmente. «Da igual que me prepare, todo depende de lo que me pregunten».

Los impostores tienden a atribuir sus éxitos a factores estables, externos e incontrolables; por ejemplo: «He conseguido este ascenso por pura casualidad (atribución externa). No lo merecía y no lo mereceré nunca (atribución estable). Conseguir este ascenso se ha debido a factores que escapan a mi control (atribución incontrolable)».

Los estilos atributivos se desarrollan en la adolescencia temprana, cuando los jóvenes empiezan a hacer generalizaciones referidas a comportamientos concretos, a desarrollar su autoestima y a realizar comparaciones sociales. Comienzan a aprender a realizar y poner en práctica deducciones en respuesta a los acontecimientos que marcan su infancia, sobre todo cuando estos acontecimientos son negativos. Este proceso de aprendizaje se ve influenciado tanto por características internas, como la personalidad del niño, como por factores externos, como pueden ser el estilo de crianza de los padres.

Por ejemplo, si un niño oye que sus padres establecen atribuciones externas para explicar acontecimientos positivos que le ocurren (por ejemplo, «¡qué suerte que hayas ganado el concurso de poesía!»), es posible que interiorice ese estilo de establecimiento de atribuciones y siga ese ejemplo. Los estudios también muestran asociaciones entre las críticas verbales que los padres hacen a sus hijos y la tendencia de esos niños a establecer relaciones de autoculpabilidad hacia los acontecimientos negativos («este hecho negativo ha ocurrido por mi culpa»). Con el tiempo, este estilo atributivo se interioriza y se convierte en la norma para ellos, lo que conduce a un estilo atributivo negativo relativamente estable.

Quien sufre el síndrome del impostor no solo se culpa a sí mismo de los acontecimientos negativos, sino que también atribuye a causas externas a los acontecimientos positivos. Esta tendencia puede desarrollarse durante el crecimiento del joven, que también busca explicación a los acontecimientos inesperados. Si no se le etiquetaba como el listo de la familia, es posible que explique los buenos resultados académicos por una atribución externa, en lugar de una interna («he aprobado de chiripa y no gracias a la potencia de mi cerebro»).

El papel de las redes sociales

Como hemos mencionado anteriormente, el 70 por ciento de personas experimentamos el SI en algún momento de nuestras vidas y las comparaciones sociales instantáneas y constantes que las redes sociales nos permiten realizar hoy en día podrían desempeñar un papel clave en esta situación. Es interesante apuntar que el 62 por ciento de la población afirma que las redes sociales hacen que su vida y sus logros les parezcan inadecuados.[24]

Las redes sociales ofrecen una plataforma fantástica que proporciona muchos beneficios, pero también presenta enormes inconvenientes. Entre las formas en las que puede contribuir al síndrome del impostor se cuentan:

---

24. Curtis, S. (2014). Social media users feel "ugly, inadequate and jealous" (Los usuarios de las redes sociales se sienten «feos, ineptos y celosos»). *The Telegraph.* https://www.telegraph.co.uk/technology/social-media/10990297/Social-media-users-feel-ugly-inadequate-and-jealous.html

La gente tiende a publicar grandes momentos editados de sus vidas

Uno de los grandes problemas de las redes sociales es que, en general, solo vemos las cosas maravillosas que los demás hacen y consiguen, pero nada de lo mundano o triste. Estudios recientes han descubierto que los usuarios habituales de Facebook consideran que otros usuarios son más felices y exitosos que ellos, sobre todo cuando no los conocen en profundidad fuera de Internet.[25] Tal vez este punto explique por qué el 60 por ciento de los usuarios de redes sociales declaran sentirse celosos de la vida de sus amigos.[26] Todo el mundo trata de presentarse a los demás como una persona destacable, una actitud que, sencillamente, coloca el listón del éxito demasiado alto. Publicamos tantas entradas o artículos y presumimos tanto de nuestros éxitos y de los éxitos de nuestros hijos que parece que la felicidad media ha desaparecido de nuestras vidas, y mucho más la situada por debajo de la media.

Sin embargo, no todo el mundo puede ser tan especial, y menos aún serlo todo el tiempo. Solo podemos admirar lo especiales que son otras personas y sentirnos inadecuados. Ahora bien, el SI no se limita a una sensación de inadecuación, se trata de la sensación de ser un farsante, y es en este punto donde las personas que publican estas entradas vanidosas pueden sufrir tanto como quien las lee, o incluso más.

---

25. Social media use and self-esteem (Uso de las redes sociales y autoestima). *New York Behavioural Health*. http://newyorkbehavioralhealth.com/social-media-use-and-self-esteem

26. Curtis, *op. cit.*

Por cada entrada presuntuosa sobre lo maravillosa que es la vida de alguien, podría haber cien mucho menos impresionantes (que no se publican). Así pues, la persona que publica la entrada cultiva cuidadosamente una imagen de su propia perfección, que sabe que en el fondo no se corresponde con su realidad. Las investigaciones sugieren que los usuarios de Facebook cada vez se deprimen más al compararse no solo con los demás, sino también con su propio perfil.[27] Cuando la realidad de una persona no coincide con la espectacular ilusión digital que publica en sus perfiles, siente que es un impostor. Se siente un farsante porque, en la práctica, lo es. Publica grandes momentos editados para que todo el mundo piense que lleva una vida magnífica, aunque, por supuesto, sabe que no es verdad, por lo que se siente un impostor. Una de las personas que se percató del desajuste entre la imagen glamurosa y la realidad es la antigua estrella de Instagram Essena O'Neill que, en 2015, cuando tenía 18 años, había acumulado más de 600.000 seguidores. Entonces borró públicamente todas sus cuentas en redes sociales tras admitir que su estilo de vida basado en la «perfección artificial» a menudo le exigía horas de dedicación y que toda esa farsa la estaba haciendo profundamente infeliz.[28]

27. Silva, C. (2017). Social Media's impact on self-esteem (El impacto de las redes sociales en la autoestima). *Huffington Post*. https://www.huffingtonpost.com/entry/social-medias-impact-on-self-esteem_us_58ade038e4b0d818c4f0a4e4

28. Hunt, E. (2015). Essena O'Neill quits Instagram claiming social media «is not real life» (Essena O'Neill abandona Instagram alegando que los medios sociales «no son la vida real»). *The Guardian*. https://www.theguardian.com/media/2015/nov/03/instagram-star-essena-oneill-quits-2d-life-to-reveal-true-story-behind-images

El esfuerzo o las dificultades para alcanzar el éxito se maquillan

Las redes sociales se han convertido en un modo de presentarnos casi como una marca; así pues, solemos maximizar nuestros logros y quitar hierro al esfuerzo y al duro trabajo que nos ha costado alcanzarlos. Esta situación puede crear el impostor del tipo genio innato que describimos en el primer capítulo (véase la página 55). Tal vez un amigo publica la entrada de la fabulosa obra de arte que ha creado, pero no vemos las doce versiones previas que ha destruido antes de terminar esta última. Si por nuestra parte decidimos ser creativos y nuestro primer intento no es brillante, es posible que abandonemos, pensando que nunca seremos tan buenos como el amigo al que vimos en Facebook.

La comparación social se da con un enorme abanico de personas

Los humanos sentimos la necesidad básica de compararnos con los demás. Un instinto natural nos impulsa a valorar nuestro progreso o nuestro éxito en la vida comparándonos con los demás, un fenómeno que el psicólogo Leon Festinger describió en su «teoría de la comparación social» en la década de 1950. Esta comparación social cumple muchas funciones distintas, como satisfacer nuestras necesidades de afiliación (que consisten en el establecimiento y mantenimiento de lazos sociales), autoevaluarnos (para decidir si lo estamos haciendo bien), ayudarnos a tomar decisiones (buscando las opiniones de los demás) o inspirarnos (ver la casa de otra persona puede inspirarnos para redecorar), etc.[29]

---

29. Social media and self-esteem, *op. cit.*

Antes de las redes sociales e Internet, e incluso antes, cuando todavía no existían los medios de transporte baratos y eficientes, los humanos vivían entre las personas con las que socializaban. Y vivían en barrios poblados por residentes con vidas parecidas a las suyas. Nuestros vecinos vivían en casas parecidas a las nuestras y ocupaban el tiempo libre de un modo similar a nosotros. Los niños probablemente iban a la misma escuela mientras los adultos trabajaban en los mismos centros de trabajo o fábricas. En aquellos tiempos, nuestro barómetro social estaba ajustado respecto a personas con mentalidades semejantes a las nuestras. La población era consciente de las diferencias de clase, por supuesto. La gente sabía de los ricos que vivían en las casas grandes del otro extremo de la ciudad y también que había personas que llevaban vidas distintas a las suyas, pero esta comparación social era difusa. Sabían de los famosos, los miembros de la realeza y las estrellas de cine, y de las vidas glamurosas que llevaban, pero esas vidas estaban muy alejadas de las suyas. Las personas con las que se solían comparar tendían a ser muy semejantes a ellas, por lo que nadie se sentía inferior a los demás.

Hoy en día, la situación es muy distinta. La generación de Facebook, Instagram y Twitter puede comparar su vida con un abanico de personas de una amplitud anteriormente inimaginable. No solo podemos compararnos con famosos, que parecen ser mucho más numerosos que antes, sino también con amigos, conocidos y compañeros de trabajo con unos ingresos ligeramente superiores a los nuestros. En una generación anterior, no nos habríamos topado con estas personas. Hoy en día, tanto ellas como su estilo de vida pueden plantársenos frente a las narices constantemente.

Se trata de un grupo muy amplio de personas con las que podemos comparar nuestra vida desde una perspectiva desfavorable. Los estudios apuntan a que aproximadamente el 88 por ciento de personas realiza comparaciones sociales en Facebook, y de este grupo, un asombroso 98 por ciento de las comparaciones son de tipo ascendente.[30] Esta conducta significa compararnos con personas a las que consideramos superiores y que opinamos que poseen características positivas, en lugar de realizar comparaciones sociales descendentes, es decir, compararnos con personas a las que consideramos inferiores y de las que pensamos que poseen características negativas. De no hacerlo, tal vez estaríamos contentos y satisfechos con nuestros propios éxitos modestos, pero cuando los comparamos con los méritos de otras personas «superiores» en las redes sociales, de pronto nos parecen insignificantes. Nuestro éxito puede parecer repentinamente impostado. Puede que nos sintamos impostores que solo fingen tener éxito. Comparados con las auténticas personas exitosas, somos simples farsantes.

La comparación social es instantánea y omnipresente

En el contexto de las redes sociales, es imposible huir de la comparación social. Nos sigue a todas partes. A menos que nos desconectemos, debemos engullir los mejores momentos de las vidas de otras personas en todo momento. Este efecto goteo puede llegar a resultar más dañino que las comparaciones sociales ocasionales

---

30. Jan, Muqaddas; Anwar Soomro, Sanobia; Ahmad, Nawaz (2017). Impact of social media on self-esteem (Impacto de las redes sociales en la autoestima). *European Scientific Journal 13*, 329-341, 10.

que experimentaban las generaciones anteriores. En las generaciones previas, la gente podía leer noticias acerca de la vida de los ricos en los periódicos, y después retomar sus vidas sin volver a pensar en ello hasta la edición del día siguiente. Obviamente, hoy en día la comparación es constante, ya que actualizamos nuestros muros y nos mantenemos conectados permanentemente. Según algunas fuentes, echamos un vistazo al móvil una vez cada doce minutos de media, y los menores de 35 años lo hacen una vez cada 8,6 minutos.[31]

La búsqueda del «me gusta»

Una de las características de las redes sociales es que animan a las personas a buscar la validación de sus puntos de vista, sus opiniones y su estilo de vida. Podemos medir el grado de aprobación que nos concede la sociedad con el número de «me gusta» que obtienen nuestros retuits o publicaciones. Esta conducta recibe el nombre de «vanity validation». Un grado bajo de validación no solo puede rebajar la autoestima, sino que también se ha comprobado que las personas con una baja autoestima son más propensas a verse afectadas negativamente al no conseguir la validación que buscan cuando publican una entrada en redes sociales. La situación deriva en un círculo vicioso, y cuanto más baja sea nuestra autoestima, más propensos al SI seremos. Además, también podemos valorar fácilmente la validación de otras personas de un modo que resultaba imposible antes de las redes sociales. No solo

---

31. Hymas, C. (2018). A decade of smartphones: We now spend an entire day every week online (Una década de *smartphones*: ahora nos pasamos un día entero cada semana en línea). *The Telegraph*. https://www.telegraph.co.uk/news/2018/08/01/decade-smartphones-now-spend-entire-day-every-week-online/

podemos ver de un vistazo la cantidad de personas que tenemos en nuestras propias redes, y la cantidad de «me gusta», comentarios y retuits que recibimos, sino que también podemos comprobar estas cifras en los muros de todos los demás. Por otra parte, esta interacción se considera una medida de nuestro éxito: cuanto más reconocimiento obtiene alguien, más popular, sociable y exitosa se percibe que es esa persona (y más pruebas tenemos de que no estamos dando la talla).[32]

Las expectativas sociales y el síndrome del impostor en los mileniales

Los mileniales, también llamada Generación Y, comprende el grupo demográfico formado por personas nacidas entre principios de la década de 1980 y mediados de la de 1990 y que, por lo tanto, alcanzaron la edad adulta a principios del siglo XXI. Se considera que este grupo es el más vulnerable al SI, no solo por los avances tecnológicos y digitales que se han producido a lo largo de su vida (son la primera generación que experimenta Internet y el correo electrónico como una parte normal de su vida laboral desde el primer día), las presiones sociales y las comparaciones en las redes sociales, sino también debido a sus padres.[33]

---

32. Social media use and self-esteem, *op. cit.*

33. Carter, C.M. (2016). Why so many Millennials experience Imposter Syndrome (Por qué tantos mileniales experimentan el síndrome del impostor). *Forbes.* https://www.forbes.com/sites/christinecarter/2016/11/01/why-so-many-millennials-experience-imposter-syndrome/#5062590b6aeb

A diferencia de la generación precedente, los mileniales son niños «trofeo», criados por padres que los elogiaban demasiado. Se trata de los primeros niños que, de forma generalizada, ganaban premios solo por participar, respondiendo a la preocupación de la sociedad ante los efectos que pudiera tener no ganar en autoestimas frágiles. Una caricatura de la situación mostraría que cualquier persona de unos 40 años o menos tiene un puñado de trofeos y medallas que ganó con muy poco esfuerzo, en comparación con la generación de sus padres, que tuvo que trabajar con ahínco para alcanzar este tipo de honores. Esta circunstancia explica que un artículo reciente lamente que los mileniales estén teniendo problemas para ajustarse al mundo real porque su experiencia les dice que «Nos daban medallas por llegar los últimos».[34]

La situación puede sembrar el desconcierto en esta generación. Por un lado, les dicen que son exitosos y han ganado fácilmente medallas que lo demuestran. Por otro lado, esos trofeos parecen ser pruebas de su falsedad, porque el éxito auténtico que les exigen sus padres no se ve reflejado en esos «premios a la participación». Según la Asociación Estadounidense de Psicología, esta circunstancia aumenta el riesgo de sentirse un impostor.[35] ¿Es de extrañar que esta generación esté creciendo con el síndrome del impostor?

34. Hosie, R. (2017). Millenials struggle to cope at work (Los mileniales tienen dificultades para sobrellevar el trabajo). *The Independent.* https://www.independent.co.uk/life-style/millennials-struggling-work-careers-because-their-parents-gave-them-medals-for-coming-last-simon-a7537121.html

35. Weir, K. (2013) Feel like an imposter? (¿Te sientes un impostor?) American Psychological Association, http://www.apa.org/gradpsych/2013/11/fraud.aspx

Probablemente, todas estas circunstancias provocan que la generación de los mileniales sienta que es la que más tiene que demostrar. Según la revista *Time*, los mileniales declaran sentirse incompetentes, agobiados y juzgados como padres más que las dos generaciones precedentes, la del baby boom (nacida en las dos décadas posteriores a la segunda Guerra Mundial) y la generación X (nacida entre mediados de la década de 1960 y principios de la de 1980).[36] ¿Quién sabe qué ocurrirá con la siguiente generación, la llamada generación Z? Todavía está por ver si acabará siendo una generación de «impostores» o si el hecho de ser cada vez más consciente del fenómeno les ofrecerá cierta protección contra él.

Hasta ahora, hemos analizado los motivos por los que tantas personas podríamos ser propensas al síndrome del impostor y hemos examinado los distintos tipos de SI que pueden haber. A continuación, exploraremos los grupos demográficos específicos en función de su propensión al SI y la prevalencia del síndrome entre ellos.

---

36. Stein, J. (2013). Millenials: the me generation (Mileniales: la generación del «yo, yo y yo»). *Time Magazine*. http://time.com/247/millennials-the-me-me-me-generation/

3

Mujeres trabajadoras: el nacimiento del SI

El concepto del síndrome del impostor se acuñó inicialmente en relación con las mujeres trabajadoras[37] y, sin duda, siempre se ha asociado más estrechamente al género femenino. De hecho, originalmente se consideraba que el síndrome solo afectaba a las mujeres, pero, como veremos en el capítulo siguiente, también afecta a muchos hombres. En realidad, me ha resultado muy difícil encontrar datos reales que apoyen la afirmación realizada en la década de 1970 (en el debate original acerca del síndrome) de que las mujeres lo padecen más que los hombres, aunque sí hay muchas pruebas que sugieren que las mujeres tienen menos confianza en el ámbito laboral —sobre todo en los sectores dominados por hombres— y cobran menos que sus homólogos masculinos, como veremos a lo largo de este capítulo. En el siguiente capítulo abordaremos el impacto cada

---

37. Clance, P. & Imes, S. (Otoño 1978). The imposter phenomenon in high achieving women: dynamics and therapeutic intervention (El fenómeno del impostor en mujeres de alto rendimiento: dinámica e intervención terapéutica) (PDF). *Psychotherapy: Theory, Research & Practice. 15 (3)*: 241–247.

vez más reconocido que tiene el SI entre los hombres, pero, por ahora, nos centraremos en el fenómeno de las mujeres y la sensación de impostura, y buscaremos explicaciones relativas al motivo por el que se cree que afecta tanto a las mujeres.

La prevalencia del SI entre las mujeres en el ámbito laboral

En el debate sobre el SI, las mujeres siempre aparecen más representadas que los hombres. Jessica L. Collett, socióloga de la Universidad de Notre Dame de South Bend, Indiana, afirmó que: «Aunque el síndrome del impostor afecta tanto a hombres como a mujeres, lo sufren más mujeres que hombres» y que «las mujeres también se sienten impostoras con más frecuencia que los hombres» y se ven más abrumadas por él.[38] Sin embargo, encontrar datos fiables que apoyen esta diferencia resulta sorprendentemente complicado.

Un estudio realizado entre trabajadores del sector tecnológico que sí ofrecía datos rigurosos indicaba que el 50 por ciento de las mujeres estudiadas declaraban que el síndrome del impostor es una experiencia frecuente, frente al 39 por ciento de los hombres.[39] No obstante, estos trabajadores operan en un sector

---

38. Price, M. (2013). Imposters downshift career goals (Los impostores echan el freno a los objetivos profesionales). *Science.* http://www.sciencemag.org/careers/2013/09/impostors-downshift-career-goals

39. Pratini, N. (2018). The truth about imposter syndrome amongst tech workers (La verdad sobre el síndrome de impostor entre los trabajadores del sector tecnológico). *Hired.* https://hired.com/blog/candidates/truth-imposter-syndrome-tech-workers/

tradicionalmente masculino, por lo que los datos podrían no ser representativos del trabajador medio. Como mencionamos en el primer capítulo, las personas que trabajan en un sector en el que su género se halla insuficientemente representado tienden a ser más propensas al SI.

Durante mucho tiempo, el SI fue «la ansiedad laboral de moda» entre las mujeres, y seguramente lo sigue siendo.[40] Si buscas en Google el síndrome del impostor, encontrarás centenares de artículos y la mayoría de ellos, invariablemente, están relacionados con las mujeres. Sin duda, el concepto ha arraigado entre muchos que lo ven como una explicación parcial al fracaso de las mujeres de alcanzar la paridad con los hombres en términos de estatus y salario. (Incluso en nuestros días, en el Reino Unido, las mujeres solo ocupan un modesto 12 por ciento de los puestos con un salario de 150.000 libras o más.[41])

Se considera que las mujeres en una situación de mayor riesgo son aquellas especialmente exitosas, como las empresarias o las que se dedican al ámbito de los negocios, las mujeres que trabajan en sectores dominados por hombres (como los de la ciencia y tecnología, por ejemplo) y aquellas que ocupan puestos tradicionalmente asociados a los hombres, como cargos directivos. Sheryl Sandberg, jefa de operaciones de Facebook, escribe

40. Anderson, L.V. (2016). Feeling Like An Impostor Is Not A Syndrome (Sentirse impostor no es un síndrome). http://www.slate.com/articles/business/the_ladder/2016/04/is_impostor_syndrome_real_and_does_it_affect_women_more_than_men.html

41. Vale, J. (2017). Gender pay gap (Brecha salarial según el género). *The Independent*. https://www.independent.co.uk/news/business/news/women-jobs-careers-12-per-cent-jobs-paying-150000-per-year-income-gender-pay-gap-equality-a7537306.html

en *Vayamos adelante: Las mujeres, el trabajo y la voluntad de liderar*, su éxito de ventas sobre las mujeres trabajadoras, que «A pesar de que son altamente productivas […] las mujeres parecen incapaces de desprenderse de la sensación de que es simple cuestión de tiempo que los demás las desenmascaren […] como impostoras con conocimientos o competencias deficientes».[42] Esto puede desembocar en los siguientes pensamientos y sentimientos:

- No pertenezco a este lugar o no encajo.
- No soy como los demás.
- No soy como las demás mujeres.
- Tal vez solo estoy aquí porque necesitaban a una mujer para «ser inclusivos».
- No sé qué hago aquí; en realidad no tengo ni la formación ni las competencias necesarias (y rezo a Dios para que nadie lo descubra).

Veamos tres estudios de caso que ilustran la incidencia del SI en tres de los grupos de mayor «riesgo» de mujeres trabajadoras.

LA EMPRENDEDORA

Según un artículo publicado en 2017 en la revista online *Enterpreneur*, «el mundo empresarial está lleno de historias sobre el síndrome

---

42. Sandberg, S. (2012). *Lean In: Women, Work, and the Will to Lead*, WH Allen (Vayamos adelante: Las mujeres, el trabajo y la voluntad de liderar).

del impostor. No está estructurado, somete a un gran estrés y puede llegar a aislar a las personas. Es el entorno idóneo para que las dudas y las inseguridades campen a sus anchas»[43]. Esta afirmación es especialmente cierta para las mujeres del sector. El Global Entrepreneurship Monitor de 2009, una encuesta realizada a 30.000 adultos del Reino Unido, observó que el miedo al fracaso había aumentado sobre todo entre las mujeres.[44] Encontramos un ejemplo de esta situación en Renee, quien a los 29 años poseía un exitoso negocio de venta de mermeladas y conservas caseras. Aunque ya no es insólito que las mujeres funden negocios exitosos, Renee sentía que la sociedad la trataba como una *rara avis* por ser mujer y, sobre todo, por ser una mujer joven. Sentía que muchos percibían su negocio como un pasatiempo y le costaba convencer a algunas personas para que la tomaran en serio. Las mujeres exitosas siguen siendo inusuales en nuestra sociedad, y al ser tratadas como tales, empiezan a dudar de sí mismas, como le ocurrió a Renee. Aunque grandes comercios comenzaron a ofrecer sus productos, le preocupaba que su éxito pudiera deberse a la suerte y fracasar en cuanto su producto dejase de ser novedoso y el público se diera cuenta de que, en realidad, lo que hacía no era nada especial.

----

43. Harbach, J. (2017). Eliminate the fear of imposter syndrome (Eliminar el miedo al síndrome de impostor). *Entrepreneur*. https://www.entrepreneur.com/article/303423

44. Tyler, R. (2010). Do women fear rejection more than men? (¿Las mujeres temen más al rechazo que los hombres?). *The Telegraph*. https://www.telegraph.co.uk/finance/businessclub/8010710/Do-women-fear-rejection-more-than-men.html

LA TRABAJADORA DEL SECTOR TECNOLÓGICO

Naomi trabaja en el sector de los videojuegos, dominado por hombres. Estudió Diseño y Desarrollo de Videojuegos en la universidad y fue una de las dos únicas mujeres en un curso de 50 alumnos. Desde entonces, siempre ha trabajado en la industria de los videojuegos y actualmente es directiva en una empresa de desarrollo de juegos. Pese a todo, sufre el síndrome del impostor, siente que no es tan buena como sus homólogos masculinos y a menudo se pregunta si debe su empleo a las cuotas de mujeres en la junta directiva. Sus amigos parecen reforzar este punto de vista al decirle que, como es la única mujer de la empresa, su puesto está blindado, un privilegio del que podrían carecer sus colegas masculinos. Sin embargo, esta perspectiva no hace más que cimentar su convicción de que no lo ocupa por méritos propios, y parece una visión compartida por la sociedad en general: las mujeres no saben programar ni desarrollar videojuegos. Siente que tiene que esforzarse mucho más que sus colegas masculinos para demostrar que sabe programar y, en consecuencia, trabaja largas jornadas y nunca se siente satisfecha con la calidad de un proyecto. Mientras sus homólogos masculinos se conforman con entregar un producto de calidad «aceptable», Naomi teme traicionar a su género si presenta un proyecto que podría no ser perfecto.

LA GERENTE

La mitad de las gerentes encuestadas por el Institute of Leadership and Management expresaban dudas relativas a su rendimiento, en comparación con tan solo una tercera parte de los gerentes masculinos.[45] Una de estas gerentes es Kelli, de 38 años, que trabaja en una pyme. Tiene la sensación de no haber tenido ningún modelo femenino en puestos de liderazgo, por lo que percibe la dirección como una tarea masculina. Como es obvio que ella no es masculina, le resulta difícil ver dónde encaja y se pregunta si está haciendo las cosas bien, ya que no puede comparar su estilo de liderazgo con el de quienes se encuentran en su nivel directivo, porque todos son hombres. Kelli declara: «No sé si debería copiar el estilo directivo de los hombres o si debería crear mi propio estilo. Siento que mi estilo personal es demasiado femenino y no lo bastante bueno, pero si intento copiar a los hombres tampoco me resultará satisfactorio porque nunca será lo bastante masculino».

¿Por qué el SI podría tener una mayor incidencia entre las mujeres que entre los hombres?

Existen diversas teorías que apuntan a la posibilidad real de que las mujeres experimenten el SI más que los hombres. Veamos algunas de ellas:

«Éxito» es un término masculino
Según un artículo publicado en 2009 en *Psychology Today*, en las economías industriales avanzadas, como la de Estados Unidos, el

45. Hobbs, R. (2018). Supporting women past imposter syndrome and into leadership (Apoyar a las mujeres para pasar del síndrome de impostor al liderazgo). *HRZone*. https://www.hrzone.com/engage/

«éxito» se define en términos exclusivamente masculinos.[46] En estas economías, el éxito se asocia a adquirir estatus, poder y recursos, sobre todo dinero. En términos evolutivos, estas unidades de medida del éxito se asociaban muy frecuentemente a los hombres, que gozaban de oportunidades que quedaban fuera del alcance de las mujeres. Por supuesto, hoy en día las mujeres sí cuentan con estas oportunidades, pero el éxito se sigue midiendo en estos términos originalmente «masculinos».

¿Por qué no medimos el éxito de otro modo, como por ejemplo asociándolo a la madre que cría bien a sus hijos, el amigo que siempre está para los demás, la voluntaria cuya generosidad hace tanto bien o todas aquellas personas que trabajan incansablemente por el bien de la sociedad? Estas cualidades son tradicionalmente más femeninas, pero tendemos a no medir el éxito en estos términos.

Por ese motivo, cuando se etiqueta a una mujer como «exitosa», puede causarle cierta incomodidad o llevarla a pensar que, como mujer, es una consideración inadecuada o inmerecida.

Las mujeres están programadas para temer el rechazo

Según esta teoría evolutiva, las mujeres están diseñadas para temer el rechazo en mayor medida que los hombres, por lo que son más sensibles a las críticas. Esto se debe a la «exogamia femenina», la práctica histórica de expulsar a las mujeres que alcanzan

---

46. Kanazowa, S. (2014). Why do so many women experience the Imposter syndrome? (¿Por qué tantas mujeres experimentan el síndrome del impostor?). *Psychology Today*. https://www.psychologytoday.com/us/blog/the-scientific-fundamentalist/200912/why-do-so-many-women-experience-the-imposter-syndrome

la pubertad de su entorno familiar para que vivan con personas con las que no están relacionadas genéticamente y para que se casen y creen nuevas familias. La tradición humana de exogamia femenina, en contraposición a la masculina, implica que las mujeres han vivido más frecuentemente entre desconocidos con los que no guardaban lazos genéticos, mientras que los hombres adultos siempre han vivido entre los suyos. Esta tradición podría ser fundamental para explicar que los hombres y las mujeres respondan de formas distintas al rechazo y la desaprobación.[47]

Tradicionalmente, los hombres que eran objeto de desaprobación no tenían motivos reales de preocupación, dado que, en general, contaban con la seguridad de saber que sus parientes no los rechazarían jamás, por más alto que fuera el grado de desaprobación. Las mujeres, sin embargo, no se encontraban entre sus familiares y no se sentían tan seguras, por lo que se volvieron más sensibles a la desaprobación y la crítica.

Este vestigio evolutivo provoca que las mujeres sean más sensibles a la desaprobación y la crítica, y que permanezcan más alertas a cualquier indicio que apunte a que despiertan estas reacciones en los demás. Ambos son factores que favorecen en gran medida el desarrollo del SI.

Las bajas expectativas de la sociedad para las mujeres

Según los psicólogos que acuñaron el término «síndrome del impostor», las mujeres tienen menores expectativas de éxito que los hombres debido a las expectativas sociales. Esta circunstancia conduce a la internalización del «estereotipo autoimpuesto» de

---

47. *Ibid.*

que no son competentes, por lo que cuando se enfrentan a pruebas que demuestran que no solo son competentes, sino también exitosas, achacan su éxito a condicionantes externos y arbitrarios (véase la página 15, capítulo 1).[48]

Estas expectativas rebajadas llevan a la llamada «brecha de confianza», que puede describirse como la mayor tendencia a la inseguridad de las mujeres respecto a los hombres, independientemente del éxito que cosechen y las habilidades con las que cuenten. En otras palabras, tienden más a experimentar el síndrome del impostor. Este punto queda ilustrado por los hallazgos de la investigadora Shelley J. Correll, del Instituto Clayman para los Estudios de Género de la Universidad de Stanford, California, que descubrió que los hombres son propensos a contemplar logros de un nivel más bajo (como un aprobado en una asignatura de cálculo, por ejemplo) como un éxito dado que supone superar la asignatura, mientras que las mujeres lo consideran un fracaso que confirma que el cálculo no es lo suyo, y es más probable que abandonen la asignatura.[49]

La brecha de confianza motiva que las mujeres tengan una menor inclinación a solicitar un aumento de sueldo (puede que esto explique el motivo por el que el informe Global Gender Gap de 2015 muestra que las mujeres estadounidenses solo cobran unos 67 centavos por cada dólar percibido por sus

48. Clance, P. & Imes, S. (Fall 1978). The imposter phenomenon in high achieving women: dynamics and therapeutic intervention (El fenómeno del impostor en mujeres de alto rendimiento: dinámica e intervención terapéutica) (PDF). *Psychotherapy: Theory, Research & Practice. 15 (3)*: 241–247.

49. Tyler, *op. cit.*

homólogos masculinos)[50] y tienden menos a perseguir o aceptar ascensos.

Además, buena parte de esta presión social comienza temprano. En su libro *The Secret Thoughts of Successful Women*, Valerie Young escribe: «los chicos se crían para farolear y exagerar. Las chicas, por otro lado, aprenden muy pronto a desconfiar de sus opiniones y ahogar sus voces[51]». Las chicas aprenden que se las juzga con más dureza que a los chicos tanto en lo referente a sus atributos físicos como a los intelectuales. Esta circunstancia las obliga a esforzarse para alcanzar la perfección y evitar los juicios negativos que tanto aborrecen (véase la página 36) y, como vimos en los capítulos anteriores, el perfeccionismo es un caldo de cultivo ideal para el síndrome del impostor.

Incluso las chicas que logran superar la infancia con la autoconfianza intacta sufrirán probablemente una oleada de críticas en el mundo laboral adulto a causa de la incongruencia de roles (véase la página 34). En palabras de Young: «Ser mujer supone que tanto usted como su trabajo tienen automáticamente mayores posibilidades de ser ignorados, descartados, trivializados, devaluados o tomados menos en serio que los hombres y su labor». Esto lleva a que las mujeres sean mucho más autocríticas y conscientes de su rendimiento que sus

50. Jepson, S. (2018). Are we women the imposters many of us think we are? (¿Somos las impostoras que muchas de nosotras pensamos que somos?). *Entrepreneur.* https://www.entrepreneur.com/article/309446

51. Goudreau, J. (2011). Women who feel like frauds (Mujeres que se sienten impostoras). *Forbes Magazine.* https://www.forbes.com/sites/jennagoudreau/2011/10/19/women-feel-like-frauds-failures-tina-fey-sheryl-sandberg/#53ab02b430fb

homólogos masculinos, y también que tengan muchas más posibilidades de padecer el SI. No resulta extraño que las mujeres se cuestionen sus habilidades y atributos si, al fin y al cabo, parece que lo hacen todos los demás.

LA BRECHA DE CONFIANZA

A pesar de que se ha avanzado mucho en la cuestión de las oportunidades que se presentan a las mujeres, todavía se encuentran por debajo de los hombres en salario y estatus. Las carreras profesionales de hombres y mujeres siguen trayectorias muy distintas. Durante mucho tiempo, se achacó esta incapacidad para romper el techo de cristal a la maternidad y los problemas derivados del cuidado de los hijos, además de a las barreras culturales e institucionales que entorpecen el éxito femenino. Sin embargo, los investigadores que estudian este fenómeno han tropezado una y otra vez con una fuerza más sutil que coarta a las mujeres en su vida laboral: la falta de confianza en lugar de una creencia firme en sus capacidades. Las mujeres son más propensas a pensar que obtendrán una calificación inferior a la de sus homólogos masculinos en un examen, que no son las candidatas ideales para un ascenso y que no merecen un aumento de sueldo. Generalmente subestiman sus propias aptitudes al compararse con los hombres.

Estas afirmaciones están basadas en numerosas pruebas. En estudios realizados entre alumnos de escuelas de negocios se descubrió que los hombres inician negociaciones salariales cuatro veces más a menudo que las mujeres y que, cuando las mujeres se deciden a negociar, piden un 30 por ciento menos que los hombres.[52] Incluso mi antigua tutora, Lynne Davidson, que impartía el máster que cursé en la Universidad de Manchester, señala que tiene por costumbre preguntar a los alumnos qué salario proyectan percibir y sus alumnas siempre predicen una capacidad de ganancia un 20 por ciento inferior a la de los alumnos varones.[53]

Esta baja autoestima y falta de confianza se extiende a todos los ámbitos de la vida empresarial y encuentra un buen ejemplo en el caso de la empresaria tecnológica Clara Shih, que fundó la exitosa plataforma de marketing digital Hearsay Social en 2009 y se integró en la junta directiva de Starbucks dos años más tarde, cuando tenía 29 años. Es una de las pocas directoras ejecutivas de Silicon Valley. Sin embargo, declaró a los autores del libro *Womenomics*, publicado en 2009, que a veces «se sentía una impostora» y que ya en su etapa universitaria estaba convencida de que los demás (refiriéndose a los hombres) tenían mayor facilidad que ella para hacer las cosas.[54]

Es interesante observar que esta brecha de confianza es más amplia en la sociedad occidental, donde se supone que ambos sexos cuentan con oportunidades más parejas. Puede parecer lo contrario de lo que cabría esperar, pero se cree que este fenómeno se debe a que en los países occidentales industrializados las mujeres tienden a compararse con los hombres, mientras que en otras partes del mundo las mujeres suelen compararse con otras mujeres. Al compararse

52. Kay, K. & Shipman, C. (2014). The confidence gap (La brecha de confianza). *The Atlantic.* https://www.theatlantic.com/magazine/archive/2014/05/the-confidence-gap/359815/

53. *Ibid.*

54. *Ibid.*

con los hombres, las mujeres se ven invariablemente en una situación de inferioridad, dado que los hombres todavía tienden a gozar de posiciones de mayor estatus y de mejores salarios que las mujeres.[55] Al parecer, las sociedades más igualitarias en realidad entorpecen el avance de las mujeres al limitar su grado de confianza.

El éxito se ve como una cualidad poco atractiva en las mujeres
Sandberg, la jefa de operaciones de Facebook, cita un experimento realizado en 2003 entre alumnos de una escuela de negocios a los que se contó la historia de una persona empresaria. A la mitad se les dijo que la persona en cuestión se llamaba Heidi y, a la otra mitad, que se llamaba Howard. Los alumnos describieron a Howard como una persona agradable, talentosa y merecedora de respeto, pero calificaron a Heidi de egoísta y la consideraron una persona con la que no querrían trabajar y a la que no contratarían. Ambos perfiles eran idénticos; lo único que cambiaba era el género del empresario. Ante este panorama, Sandberg lamentaba que «cuanto más exitoso es un hombre, mejor es su imagen entre hombres y mujeres, pero cuanto más exitosa es una mujer, peor es su imagen entre hombres y mujeres».[56]

---

55. Warrell, M. (2016). For women to rise we must close the confidence gap (Para que las mujeres crezcan debemos acabar con la brecha de confianza). *Forbes.* https://www.forbes.com/sites/margiewarrell/2016/01/20/gender-confidence-gap/#1c7656bf1efa

56. Barkhorn, E. (2013). Are successful women really less likeable than successful men? (¿Las mujeres de éxito caen peor que los hombres de éxito?). *The Atlantic.* https://www.theatlantic.com/sexes/archive/2013/03/are-successful-women-really-less-likable-than-successful-men/273926/

Análogamente, muchos estudios sugieren que, aunque en el último medio siglo ha aumentado el grado de aceptación de las directivas femeninas, las actitudes negativas hacia ellas persisten. Algunos estudios han demostrado que las mujeres directivas son valoradas menos favorablemente que sus homólogos masculinos, que son menos aceptadas y que son penalizadas por adoptar estilos de dirección masculinos. En 2011, una investigación publicada en la revista *Human Relations* encuestó a 60.000 trabajadores a jornada completa acerca de la actitud que mostraban hacia jefes hombres y mujeres. Casi la mitad de los encuestados expresaron prejuicios de género y el 72 por ciento de ese grupo afirmaban preferir un jefe masculino.[57]

¿A qué se debe este prejuicio? Al parecer, todo se reduce al fenómeno de la incongruencia de rol de género. Tradicionalmente, nuestra sociedad ha tenido roles femeninos estereotípicos que suelen incluir labores comunitarias o bien orientadas a la comunidad, en las que la cría, el cuidado y la sensibilidad son las cualidades predominantes.[58] Los roles de género masculinos son tradicionalmente mucho más activos e incluso agresivos, asertivos, proactivos, ambiciosos y directos. El problema es que cuando un individuo actúa de un modo distinto al correspondiente a su rol de género asignado, los demás se forman una mala opinión de esa persona. Un estudio descubrió que cuando los trabajadores masculinos hablan más que sus compañeros, se les considera

___

57. Elsesser, K.M. & Lever, J. (2011). Does gender bias against female leaders persist? Quantitative and qualitative data from a large-scale survey (¿Persiste el sesgo de género en contra de las mujeres líderes? Datos cuantitativos y cualitativos de una encuesta a gran escala). *Human Relations, 64(12):* 1555–1578.

58. *Ibid.*

un 10 por ciento más competentes que los menos habladores. Sin embargo, cuando las mujeres hablan menos que sus compañeros, se las juzga un 15 por ciento MENOS competentes.[59]

Cabe la posibilidad de que este temor a la negatividad sea lo que arrastra a las mujeres exitosas a infravalorar sus propios méritos, razonando que, si atribuyen su éxito a factores ajenos a su propia habilidad y competencia, tal vez no atraerán tanta negatividad. Es una conducta típica del impostor, ya que puede motivar fácilmente que la mujer no crea en su propia competencia y habilidad.

La profecía autocumplida

Las mujeres que sienten una mayor inseguridad acerca de su competencia y que temen ser desenmascaradas pueden transformar fácilmente estas creencias en una profecía autocumplida debido a su conducta. Como carecen de autoestima y de confianza en sus propias habilidades y competencias, tienen una menor tendencia a levantar la voz, y es más probable que mantengan la cabeza gacha, que tengan miedo de tomar decisiones y que se muestren menos ambiciosas. Este comportamiento no tarda en provocar que pierdan terreno respecto a sus homólogos masculinos, lo cual puede aliviar su sensación de disonancia —«¡Sabía que no era buena!»—, pero lleva a una pérdida de confianza todavía mayor e inicia un círculo vicioso. Según las autoras de *Womenomics*, el éxito «tiene una relación tan estrecha con la confianza como con la competencia».[60]

---

59. The confidence gap: why do so many of us feel like imposters at work? (La brecha de confianza: ¿por qué muchos nos sentimos como impostores en el trabajo?). *Prowess* 2016, https://www.prowess.org.uk/the-confidence-gap-do-women-in-the-workplace-feel-like-imposters

60. Kay & Shipman, *op. cit.*

Tal vez este sea uno de los motivos por el que la lista Fortune 500 mostró que tan solo 21 de sus empresas tenían mujeres al timón, lo que se traduce en que las mujeres ostentan un minúsculo 4,2 por ciento de las presidencias ejecutivas de las 500 mayores empresas de Estados Unidos.[61]

ESTUDIO DE CASO: LAS MUJERES Y LA EDUCACIÓN

Jessica L. Collett (véase la página 88) y su compañera Jade Avelis llevaron a cabo un estudio entre 461 estudiantes de doctorado de la Universidad de Notre Dame de Indiana, donde aproximadamente la mitad del alumnado eran mujeres y la mayoría estudiaban carreras científicas.[62] La investigación estaba diseñada para determinar si los alumnos encuestados se sentían impostores, sobre todo entre los que denominaban «bajadores»; personas que habían elegido aceptar trabajos alejados de los puestos más prestigiosos, más enfocados a la investigación y más estables, e inclinarse hacia puestos menos comprometidos. Un total del 11 por ciento de estos bajadores eran mujeres, en comparación con un 6 por ciento de hombres.

Sorprendentemente, el motivo principal que daban las mujeres entrevistadas para buscar un descenso de posición no estaba relacionado con asuntos familiares, sino con el fingimiento y la falsedad.

61. Tejada, C. (2017). Women have less confidence than men when applying for jobs (Las mujeres tienen menos confianza que los hombres a la hora de solicitar un empleo). *Huffington Post.* https://www.huffingtonpost.ca/2017/02/10/womenconfidence-jobs_n_14675400.html

62. Price, *op. cit.*

Parte del estudio comprendía investigación cualitativa, por lo que se destacaban algunos comentarios interesantes como: «Mi principal preocupación es sentirme competente en la carrera que elija».

Otro descubrimiento inesperado fue que algunas mujeres se sienten intimidadas por los modelos de éxito femeninos. En lugar de ver a esas mujeres como una fuente de inspiración, se sentían acobardadas por sus logros y pensaban que jamás podrían aspirar a ser tan grandes como ellas, otra reacción típica de los impostores. Del estudio podía deducirse la posibilidad de que las mujeres exitosas impidan que otras mujeres, que ya se sienten impostoras, se muestren ambiciosas.

El trabajo a distancia y las mujeres

Cada vez es mayor la cantidad de personas que trabajamos a distancia: en 2014, el 13,9 por ciento de los trabajadores del Reino Unido trabajaban desde casa como parte de su puesto actual,[63] mientras que los datos sugieren que en 2016 el 43 por ciento de los estadounidenses con empleo pasaban al menos parte del tiempo trabajando a distancia, un aumento de cuatro puntos porcentuales desde el 2014.[64] Trabajar desde casa, o a distancia, probablemente resulta más atractivo a las mujeres, sobre todo a las madres, porque permite un enfoque flexible al trabajo que puede facilitar la tarea de combinar el cuidado de

63. Chignell, B. (2018). 10 essential remote working statistics (10 estadísticas esenciales del trabajo a distancia). *CIPHR*. https://www.ciphr.com/advice/10-remote-working-stats-every-business-leader-know/

64. Chokshi, N. (2018). Out of the office (Fuera del despacho). *The New York Times*. https://www.nytimes.com/2017/02/15/us/remote-workers-work-from-home.html

los hijos con su trabajo. Los estudios demuestran que las empresas con trabajadores a distancia parecen tener un porcentaje más elevado de mujeres en puestos directivos que las empresas tradicionales en las que se trabaja de forma presencial.[65] Se cree que esto se debe a que el trabajo a distancia favorece inherentemente al progreso de las mujeres en el ámbito laboral porque es una forma de trabajar mucho más flexible para todos. Además, a menudo las mujeres se benefician más que los hombres de las estructuras laborales flexibles, ya que todavía es más probable que ellas se hagan más cargo del cuidado de los hijos que los hombres.

Sin embargo, los trabajadores a distancia son más propensos a sufrir el SI que quienes trabajan en un centro de trabajo, por lo que las mujeres se vuelven a ver desproporcionadamente afectadas. ¿Por qué son más propensos al SI los trabajadores a distancia? Como hemos mencionado anteriormente, uno de los motivos por los que esto sucede es que las posibilidades de recibir comentarios positivos y palabras de ánimo se ven limitadas. Además, trabajar a distancia a menudo desemboca en un ancho de banda emocional restringido, simplemente porque una parte importante de la comunicación no se produce cara a cara.

Por ejemplo, la mayor parte de la comunicación en el ámbito laboral se efectúa por correo electrónico (por supuesto, lo mismo es aplicable al trabajo en una oficina o sede física, pero para el trabajador a distancia puede ser la única vía de comunicación).

---

65. Remote companies have more women leaders (Las empresas con empleo a distancia cuentan con más mujeres líderes). Remote.co. https://remote.co/remote-companies-have-more-women-leaders-these-are-hiring/

Los correos electrónicos de trabajo deben ser cortos, formales e ir al grano, por lo que dejan poco espacio para la charla amistosa que pueden iniciar los compañeros de trabajo junto a la máquina de café, por ejemplo. Esta circunstancia puede agravar el aislamiento del trabajador a distancia que carece de ese tipo de conexión emocional con sus compañeros o sus clientes. También puede hacer que este tipo de trabajador se pregunte si su trabajo tiene algún valor, porque no ve la calidez de la sonrisa o de la mirada aprobadora que podría observar si trabajase en una oficina.

Hasta aquí hemos visto que existen muchos motivos posibles por los que las mujeres experimentan el SI. Pasemos a ver cómo podemos gestionar el síndrome si debemos enfrentarnos a él.

Consejos y estrategias

¿Qué pueden hacer las mujeres para gestionar la sensación de impostura en el trabajo? A continuación, ofrecemos una serie de consejos y estrategias para que las incorporen a su vida laboral. La primera lista está orientada específicamente a las mujeres, pero las estrategias siguientes son útiles para cualquier persona que experimente el SI en su lugar de trabajo. No olvides consultar también las técnicas sugeridas al final de los demás capítulos.

- Reflexiona, identifica y reconoce si te encuentras en un grupo de mujeres considerado de riesgo, sobre todo si eres empresaria, si trabajas en un sector dominado por los hombres, si trabajas mucho a distancia o si ocupas un puesto de dirección. Si te encuentras en alguna de estas categorías y también te ves afectada por alguno de los factores de riesgo más generales descritos en los capítulos 1 y 2, deberías ser consciente de que eres más propensa a sufrir el SI. En ese caso, debes reconocer que es un síndrome común y que no es culpa tuya.

- Piensa en cómo enfocas el rechazo y las críticas. Las críticas, especialmente, son una parte importante del crecimiento, pero las mujeres pueden estar programadas para ser más sensibles a ellas que los hombres. Anota cualquier crítica que recibas e intenta examinarla objetivamente para determinar si está justificada o no. Si es cierta, trata de reaccionar con frialdad y aprende de ella (y si no lo es, ¡defiéndete!)

- Plantéate si podrías estar experimentando la «brecha de confianza». En el ámbito laboral, sería un buen experimento pedir a tus compañeros, hombres y mujeres, que evalúen varias de sus cualidades de forma anónima, proporcionando su sexo por toda información. Si descubres que tú (y tus compañeras) os valoráis con notas más bajas, puede que exista una brecha de confianza, e identificarla es el primer paso para acabar con ella.

- Para prevenir las profecías autocumplidas sobre la confianza y la competencia, finge esa autoconfianza. Aprende a actuar con seguridad, aunque en el fondo te sientas insegura.

Ejercicio uno: Los hechos

A continuación, veremos una estrategia que puede adoptar cualquier persona que se sienta insegura o que se considera impostora en el trabajo:

(1) Afronta los hechos

Independientemente de la actitud que muestres hacia tus logros, ciertos hechos son irrefutables. Por ejemplo, si obtienes una nota magnífica en un examen o si te han realizado una gran oferta de trabajo, esos *son* los hechos. Cualquier otra cosa es simplemente tu *opinión* respecto a esos hechos. Repasa tu vida hasta el presente y elabora una lista de logros, como pueden ser buenas notas o ascensos, con el título: «Los hechos».

Los hechos
Obtuve un excelente en el examen de inglés.
Me gané un ascenso importante.
Me alabaron por la presentación que realicé.

Mantener un registro de estos hechos irrefutables sobre tus éxitos puede ser útil para mantener los pies en el suelo y ser conscientes de que, a pesar de lo que pensemos, los éxitos están ahí, puestos por escrito. Un éxito o dos pueden ser atribuibles a la suerte o a factores externos, pero cuando se acumula una lista más larga, es más difícil ignorar la prueba que tenemos frente a los ojos que demuestra que, quizás, en el fondo sí que se nos da bien lo que hacemos.

(2) Identifica y rebate tu forma de pensar

Observa tu lista de hechos e identifica cualquier pensamiento de impostura; es decir, cualquier razonamiento o idea acerca de cada hecho que contribuye a que te sientas un impostor. Anótalos en una columna adyacente:

El hecho	Mis ideas de impostura sobre el hecho
Obtuve un excelente en el examen de inglés.	Tuve suerte con lo que me preguntaron.
Me gané un importante ascenso.	No estoy a la altura del trabajo; fue un error elegirme.
Me alabaron por la presentación que realicé.	No fue una presentación perfecta.

Recuerda que solo son ideas. Puede que sean ciertas o que no lo sean. Lo único irrebatible es el propio hecho. Ahora piensa en las habilidades, competencias o talentos que pueden haber contribuido a esos éxitos y añade una tercera columna:

El hecho	Mis ideas de impostura sobre el hecho	Habilidades, competencias o talentos que pueden haber llevado al hecho
Obtuve un excelente en el examen de inglés.	Tuve suerte con lo que me preguntaron.	Se me da bien el inglés.
Me gané un importante ascenso.	No estoy a la altura del trabajo; fue un error elegirme.	Soy competente en mi trabajo y en mi puesto de dirección.

Me alabaron por la presentación que realicé.	No fue una presentación perfecta.	Fue una presentación sólida con diapositivas claras y una exposición entusiasta.

Ahora se presentan ante ti dos explicaciones alternativas a tus éxitos (que siguen siendo irrebatibles). Anota el porcentaje en el que crees que cada explicación es correcta para ver la probabilidad de que sea cierta cada una de ellas.

El hecho	Mis ideas de impostura sobre el hecho	Habilidades, competencias o talentos que pueden haber llevado al hecho
Obtuve un excelente en el examen de inglés.	Tuve suerte con lo que me preguntaron. **60 por ciento**	Se me da bien el inglés. **70 por ciento**
Me gané un importante ascenso.	No estoy a la altura del trabajo; fue un error elegirme. **30 por ciento**	Soy competente en mi trabajo y en mi puesto de dirección. **60 por ciento**
Me alabaron por la presentación que realicé.	No fue una presentación perfecta. **80 por ciento**	Fue una presentación sólida con diapositivas claras y una exposición entusiasta. **90 por ciento**

Lo que demuestra este ejercicio es que, aunque es posible que la explicación del impostor sea cierta, ¡también puede serlo la explicación alternativa! De hecho, en ocasiones es más probable que la explicación alternativa sea verdad. Este ejercicio te ayudará a desafiar a tus patrones de pensamiento prejuiciados.

Ejercicio dos: Identifica tus puntos fuertes

Las personas que sufren el SI tienden a centrarse en sus puntos débiles e ignorar cualquier fortaleza que puedan tener. Aprender a ser consciente de sus puntos fuertes es una parte esencial del proceso para derrotar al SI. Por este motivo, las «listas de afirmación» pueden resultar muy útiles. Elabora tus propias listas de afirmación siguiendo estas sugerencias:

Escribe:

- Diez de tus puntos fuertes. Por ejemplo, persistencia, valor, afabilidad o creatividad.

- Al menos cinco cosas que admires de ti. Por ejemplo, cómo has criado a tus hijos, tu buena relación con tu hermano o tu espiritualidad.

- Los cinco mayores logros de tu vida. Por ejemplo, recuperarte de una enfermedad grave, graduarte en el instituto o aprender a usar un ordenador.

- Al menos veinte logros. Pueden ser tan simples como aprender a usar una nueva aplicación del teléfono o tan complicados como obtener un máster universitario.

- Diez cosas que podrías hacer para ayudar a otra persona.

Mantén estas listas en un lugar visible y fácilmente accesible. La próxima vez que sientas síntomas del síndrome del impostor, ¡repasa las listas y recuérdate que eres una persona tan válida como piensan los demás!

4

Los impostores masculinos: la vergüenza oculta

Aunque, tal y como hemos visto en el capítulo anterior, el síndrome del impostor se ha considerado tradicionalmente un fenómeno femenino, no hay muchos datos que confirmen que las mujeres lo experimentan de verdad más que los hombres. El motivo por el que se considera una fenómeno psicológico de índole femenina es simplemente que se descubrió a través de una investigación efectuada en mujeres, lo que desembocó en un estereotipo que parece haberse generalizado. Por este motivo, los hombres que lo sufren pueden percibir la carga adicional de sentirse emasculados al verse afectados por un síndrome aparentemente tan femenino.

Sin embargo, es innegable que los hombres también sufren el SI. Muchos estudios efectuados entre miembros del alumnado, el profesorado y el personal universitario de ambos sexos no han detectado diferencia alguna en la proporción en la que admiten sentimientos de impostura.[66] En 2012, la psicóloga de Harvard Amy Cuddy ofreció una charla TED sobre el postureo en el poder, y se asombró al recibir miles de mensajes de correo electrónico de personas que se sentían impostores, la mitad de los cuales eran de hombres.[67] En su página web impostersyndrome.com, la experta en SI Valerie Young afirma que la mitad de los asistentes a sus talleres sobre el síndrome del impostor son hombres. De hecho, en 1993, Pauline Clance, la autora de la obra original en la que se definía el SI, admitió que su teoría inicial sobre el síndrome del impostor como un problema exclusivamente femenino era incorrecta, dado que «los varones en estas poblaciones son tan propensos como las mujeres a tener bajas expectativas de éxito y a realizar atribuciones a factores relacionados con la falta de competencia».[68]

Según los investigadores del SI de la empresa de perfiles psicológicos Arch Profile, con sede en Estados Unidos, a partir de una muestra de personas afectadas por el síndrome del impostor:

- El 32 por ciento de las mujeres y el 33 por ciento de los hombres no se sentían merecedores del éxito que habían alcanzado.

66. Anderson, L.V. (2016). Feeling Like An Impostor Is Not A Syndrome (Sentirse impostor no es un síndrome). http://www.slate.com/articles/business/the_ladder/2016/04/is_impostor_syndrome_real_and_does_it_affect_women_more_than_men.html

67. Lebowitz, S. (2016). Men are suffering from a psychological phenomenon, but they're too ashamed to talk about it (Los hombres sufren de un fenómeno psicológico, pero les da demasiada vergüenza hablar del tema). *Business Insider.* http://uk.businessinsider.com/men-suffer-from-impostor-syndrome-2016-1

68. Anderson, *op. cit.*

- El 36 por ciento de las mujeres y el 34 por ciento de los hombres llevaban el perfeccionismo al extremo y se fijaban metas poco realistas.
- El 44 por ciento de las mujeres y el 38 por ciento de los hombres creían que la mayoría de sus logros se debían a un golpe de suerte.
- El 47 por ciento de las mujeres y el 48 por ciento de los hombres no creían merecer las recompensas que habían recibido gracias a su duro trabajo.

Así pues, la experiencia del SI no parece diferir entre hombres y mujeres. De hecho, un estudio citado en el suplemento *Higher Education* de la revista *Times* en 2016 sostiene incluso que los hombres son más propensos a sufrir los efectos del SI que las mujeres. Holly Hutchins, profesora asociada de Desarrollo de Recursos Humanos en la Universidad de Houston investigó los acontecimientos que desencadenaron la aparición del síndrome del impostor en dieciséis académicos de Estados Unidos. Ya hemos visto la tendencia de los académicos a ser vulnerables al SI, pero esta investigación demostró que el desencadenante más habitual de sentimientos de impostor entre los miembros de la comunidad educativa era el cuestionamiento de su competencia por parte de colegas o alumnos. Una comparación negativa con otros profesores o incluso la consecución de metas también despertaban sentimientos de inadecuación entre los académicos. Sin embargo, lo realmente interesante eran las diferencias entre hombres y mujeres a la hora de afrontar el SI. Las mujeres aplicaban estrategias mucho mejores, al recurrir al apoyo social y la reflexión, mientras que los impostores masculinos eran más propensos a inclinarse por el alcohol y a otras estrategias orientadas a evitar el problema para combatir la sensación de ser un impostor (véase la página 127)[69].

Ante estas pruebas abrumadoras, ¿por qué existe la percepción de que el SI no afecta tanto a los hombres como a las mujeres? Este capítulo abordará esta cuestión, y también los motivos por los que los hombres sufren el SI. Exploraremos algunos ejemplos comunes, y otros más extremos, de SI antes de presentar algunos consejos y estrategias para combatirlo que podrían ser especialmente útiles a los hombres afectados por el SI al final del capítulo.

El síndrome del impostor masculino y su estigma estereotípico

Aunque es probable que no haya una diferencia significativa en el número de hombres y mujeres que padecen el SI, es posible que haya menos hombres que lo admitan abiertamente. Los hombres podrían ser menos proclives a hablar sobre sentimientos de impostura que las mujeres a causa del «estigma estereotípico», o el castigo social, en forma de insultos o incluso de ostracismo social, que puede conllevar el hecho de no ajustarse a los estereotipos masculinos, como aquel según el cual los hombres deberían ser asertivos y seguros. Este punto podría

---

69. «Genders deal with academic delusions differently» (Los engaños académicos se abordan de un modo distinto según el género). *Times Higher.* https://www.timeshighereducation.com/news/genders-deal-academic-delusions-differently

motivar que a los hombres les cueste admitir inseguridades, dado que hacerlo no es un rasgo masculino y erosiona su sentido de la masculinidad.

Según expresa un artículo publicado en *Business Insider*, los hombres sufren el SI, pero se sienten demasiado «avergonzados» para admitirlo.[70] Este extremo reforzaría la percepción del SI como un problema femenino, dado que las mujeres no parecen tener ningún problema para admitir sus inseguridades, mientras que los hombres no suelen hacerlo.

La sociedad tiene unas expectativas respecto a la conducta de las mujeres (véase el capítulo 3), y lo mismo es aplicable a los hombres, aunque con expectativas distintas. Se espera de los hombres que «exageren» sus logros y que sean bravucones e incluso arrogantes. Se les exige fortaleza y que no sean emocionalmente vulnerables ni los atormenten las dudas.[71] Esta situación puede llevar a que se muestren mucho más reacios a expresar que se sienten impostores.

Esta «exageración» también puede denominarse exceso de confianza, un fenómeno que ya se ha citado en este libro (véase la página 68 [efecto Dunning-Kruger]). Los hombres pueden experimentar (o se espera que experimenten) un exceso de confianza supremo, y se podría argumentar que esta es una de las características que se asocian a la masculinidad. Esta característica puede otorgar a los hombres una ventaja palpable, ya que la

---

70. Lebowitz, *op. cit.*

71. The confidence gap: why do so many of us feel like imposters at work? (La brecha de confianza: ¿por qué muchos nos sentimos como impostores en el trabajo?). *Prowess* 2016, https://www.prowess.org.uk/the-confidence-gap-do-women-in-the-workplace-feel-like-imposters

confianza se autoalimenta; es más probable que confiemos y creamos en personas que se muestran confiadas y seguras, lo que significa que tienen más probabilidades de triunfar. Lógicamente, un vendedor que parece inseguro acerca de sus productos tendrá menos éxito que una persona arrogante, de modo que es fácil entender que el exceso de confianza puede suponer una ventaja para los hombres.

Resulta igual de fácil entender que, cuando un hombre carece de confianza o se ve atormentado por las dudas sobre su propia competencia, no solo perderá esa ventaja natural, sino que esta se volverá contra él a causa del estigma estereotípico y las normas sociales. Como a los hombres se los alaba y se los acepta en la sociedad por sus cualidades masculinas, si carecen de ellas serán objeto de juicios negativos.

ESTUDIO DE CASO

Tony, de 35 años, era un exitoso ejecutivo en una gran multinacional de publicidad. Vestía impecablemente, cobraba un sueldo estratosférico y parecía el epítome del éxito masculino. Era bueno en su trabajo y siempre lo había dado por sentado.

Sin embargo, no hace mucho comenzó a tener dudas. Su última campaña, para una empresa de seguros *online*, había sido un fracaso. Él se había puesto al frente de la campaña y se le habían ocurrido varias grandes ideas que exigían una importante inversión por parte del cliente. Se había encargado de convencer al cliente para que corriese el riesgo y aumentase el presupuesto de la campaña. Tenía plena confianza en que el esfuerzo desembocaría en abundantes columnas con valor publicitario. Sin embargo, fracasó y apenas consiguió unas líneas en el periódico gratuito local. Tony se quedó hecho polvo y, por primera vez en toda su carrera, comenzó a dudar de sí mismo y a desconfiar de su competencia.

Un día, oyó en la oficina a un grupo de compañeras que hablaban de sus propias dudas. A menudo oía a mujeres hablando de esas preocupaciones, pero nunca a hombres. Sin embargo, se alegró de poder compartir sus sentimientos con alguien al fin y les contó sus propias inseguridades con la esperanza de escuchar las mismas palabras de consuelo que las mujeres parecían tener siempre para las demás. Sin embargo, observó con tristeza que las mujeres le dieron la espalda, lo miraron con desdén e ignoraron su sufrimiento. No creían que fuera un dolor auténtico y se rieron del asunto entre bromas y chanzas, con comentarios como: «ya, claro, como si no fueras el Señor Confianza» o «cuidado, no te vayas a convertir en una chica como nosotras».

Tony se preguntaba qué le estaba pasando. Era obvio que se esperaba de él que fuera el paradigma masculino de la confianza, pero no podía sentirse más alejado de esa imagen. ¿En qué lo convertía aquella situación? No solo en un mal ejecutivo de publicidad (haciéndose pasar por el buen profesional que todo el mundo parecía pensar que era), sino también en menos hombre, dado que parecía abrumado por preocupaciones femeninas.

Un hombre con falta de confianza no solo se enfrenta al rechazo de la sociedad si admite sus sentimientos, sino que también puede sufrir un rechazo autoimpuesto. La impostora femenina solo tiene que gestionar la sensación de ser una farsante; el masculino tiene que lidiar con esa sensación y también soportar un duro golpe en su propia identidad masculina como resultado directo de sentirse un impostor. En estas circunstancias, ¿es de extrañar que los hombres tengan menos tendencia a aceptar que se sienten impostores y sean más propensos a negar lo que sucede o a recurrir a estrategias de evasión del problema?

El estereotipo masculino

¿Cuál es el estereotipo masculino que alimenta al síndrome del impostor? En realidad, los investigadores creen que hay varios estereotipos, entre los que se cuentan el hombre de negocios exitoso, el atleta o el padre de familia. Veámoslos con más detalle.

El hombre de negocios exitoso

Este estereotipo estipula que el hombre debe tener éxito en su trabajo. El éxito se suele medir económicamente, pero el estatus también se considera importante. El estatus siempre ha sido más relevante para los hombres que para las mujeres, y un artículo titulado «El arte de la masculinidad» asegura que «los machos de distintas especies son mucho más sensibles a las "pérdidas de estatus" y tienen un impulso mucho mayor por mejorar su estatus que las hembras».[72] En 2016, un grupo de investigadores que analizaban el estatus social masculino en una sociedad amazónica

---

72. (2018) Men and status: an introduction (Hombres y estatus: una introducción). *Art of Manliness.* https://www.artofmanliness.com/articles/men-and-status-an-introduction/

observaron que «los intentos de ganar y mantener estatus son [...] especialmente evidentes entre los hombres».[73]

En «El arte de la masculinidad» el autor argumenta que «el impulso masculino orientado a conseguir estatus se halla integrado prácticamente en todas las facetas de la masculinidad». Esta búsqueda de estatus fue una parte importante de nuestro pasado evolutivo, cuando los hombres debían demostrar su valía a sus tribus, a menudo mediante pruebas agotadoras y complejas, para ganarse el estatus de «hombre de verdad».

Así pues, para ser un «hombre de verdad» es importante tener una buena capacidad económica, disponer de los símbolos de estatus correspondientes (títulos, coches, etc.), e incluso vestirse adecuadamente, con trajes elegantes, por ejemplo. Algunos hombres sienten que estos trofeos no sirven más que para enmascarar la realidad: que son impostores y no merecen el éxito. Como las mujeres impostoras, sienten que no son realmente buenos en su campo y que solo han alcanzado el éxito por pura suerte. Viven con miedo a que los descubran y les arrebaten el estatus, el dinero y el traje. Además, como estos trofeos también están entrelazados con su identidad masculina, sienten estas pérdidas de un modo muy agudo, tal vez más que las mujeres, cuya identidad femenina se encuentra menos ligada a su potencial para ganar un salario elevado y tener un buen coche.

---

73. Von Rueden, C., Gurven, M., Kaplan, H. (2008). The multiple dimensions of male social status in an Amazonian society (Las múltiples dimensiones de la condición social masculina en una sociedad amazónica). *Evol Hum Behav.; 29(6)*: 402–415.

El atleta

Si quieren sentirse «hombres de verdad», se espera que los hombres sean grandes, fuertes y hábiles. Los modelos masculinos que suelen aparecer en los medios son típicamente atletas y superhéroes fuertes. La persona que aparece en la portada de una revista de deportes o protagoniza anuncios dirigidos a hombres acostumbra a ser un icono masculino musculado y corpulento, como un jugador de fútbol o un actor en una gran forma física. Tal como señala un blog de la Universidad de Pittsburgh sobre estereotipos masculinos, «hombres de todas las edades y razas se ven influenciados por anuncios en los que aparecen estos iconos. Cuantos más anuncios ven, mayor es la presión que sienten para ajustarse a esta idea de la masculinidad».[74]

La presión que se ejerce sobre los hombres para que sean fuertes, independientes, estoicos, competitivos y duros es tan perjudicial que se la ha denominado «masculinidad tóxica». Es interesante observar que este estereotipo atlético puede motivar que la experiencia de envejecer tenga un impacto desproporcionadamente negativo en los hombres, ya que hacerse viejo a menudo es incompatible con el estereotipo masculino.[75]

El estereotipo atlético puede ser el impulso inicial que arrastra a los hombres al gimnasio o a la pista de atletismo, pero la

---

74. Unexpected social pressures in males (Presiones sociales inesperadas en los hombres). University of Pittsburgh, http://www.wstudies.pitt.edu/blogs/msf31/unexpected-social-pressures-males

75. Young, S. (2017). Man up: are masculine stereotypes making men fear ageing? (Como un hombre: ¿los estereotipos masculinos hacen que los hombres teman envejecer?). *The Independent.* https://www.independent.co.uk/life-style/men-male-ageing-masculine-stereotypes-fear-toxic-masculinity-a7602256.html

impostura puede hacer acto de presencia cuando el cuerpo exterior no refleja la realidad interior. Muchos asiduos al gimnasio pueden sentir que sus músculos tonificados enmascaran el hecho de que, en realidad, por dentro son personas sensibles, débiles e inseguras. Cuanto más débiles se sientan, más podrían esforzarse por ofrecer esa imagen de fortaleza a través de su cuerpo. Sin embargo, cuantos más músculos desarrollen, más se pueden sentir falsos, con lo que da comienzo el círculo vicioso.

Los hombres que se sienten obligados a ser «atletas» o «lo bastante hombres» para la sociedad pueden sentir que interpretan un papel para integrarse, aunque en el fondo se sientan muy distintos. Este desajuste entre sus sentimientos reales y la impresión externa que crean puede ser la causa clave de su SI.

El padre de familia

Ya no basta con ser fuerte, musculoso y capaz de ganarse el pan, a pesar del estatus y el éxito que todo ello conlleva. También se espera de los hombres actuales que sean el marido/compañero perfecto y un buen padre. Veremos el padre impostor en el capítulo 7, pero, de momento, centrémonos en el estereotipo del padre de familia perfecto.

Para ceñirse a este estereotipo, los hombres deben hacer todas las «cosas de papá», como llevar a los niños al fútbol o al básquet, llevarlos al colegio de vez en cuando, cocinar cuando le toca y acostar a los niños. Aunque algunas de estas presiones son las mismas que tiene que soportar cualquier padre, el problema para algunos hombres es que no siempre tienen una relación emocional tan profunda con sus hijos, a menudo por el simple motivo de que la madre suele ser la principal cuidadora de los niños, al menos durante los primeros meses formativos. Esta situación puede llevar a algunos papás a sentir que no están a la altura de las circunstancias o a pensar que en realidad no son los padres perfectos por los que los toman algunas personas. Es posible que cuando los demás los ven jugando a la pelota con sus hijos el fin de semana piensen que son padrazos, pero el impostor sabe que, si sus hijos se hicieran daño, llamarían a su madre entre llantos. Todo ello puede contribuir a la sensación de ser un farsante que caracteriza al síndrome del impostor.

- -

ESTUDIO DE CASO

Brad, de 41 años, parece el estereotipo del varón exitoso. Tiene un trabajo bien pagado en el sector de las finanzas que le permite llevar un estilo de vida muy cómodo. Posee una casa espaciosa a las afueras y dos buenos coches (que renueva anualmente), sus tres hijos estudian en centros privados, goza de dos periodos anuales de vacaciones en destinos exóticos, etc. Tiene todo lo que podría desear: una esposa hermosa, una familia encantadora, estatus e incluso el reloj Rolex de rigor. También tiene buen aspecto y está orgulloso de su físico, que cuida durante las incontables horas que pasa en el gimnasio con su entrenador personal.

Sin embargo, Brad está preocupado. Hace poco ha empezado a experimentar que su vida es una farsa y que es un impostor. El auténtico Brad es un perdedor tímido e introvertido al que acosaban en la escuela por llevar gafas. El motivo por el que se siente un farsante es que Brad detesta su trabajo. Lo aborrece, y sueña con dejarlo todo para abrir una cafetería en la costa. Brad siente que el hecho de odiar su trabajo traiciona su condición de impostor, porque considera que una persona exitosa y competente en su trabajo no debería odiarlo tanto.

No se atreve a desvelar a nadie sus sueños (y temores), lo que hace que se sienta todavía más farsante. Cuando lo alaban en su trabajo, o cuando sus amigos admiran su estilo de vida, se siente mal porque él lo percibe todo como falso; no se siente realmente exitoso porque, para él, el éxito equivale a la felicidad, y él no es feliz. Su sueño no es el tipo de sueño que debería tener un «hombre de verdad» y siente que el mero hecho de tener ese tipo de ambiciones implica que está haciendo algo realmente mal.

El síndrome del impostor y la salud mental en los hombres

Una de las principales formas, y tal vez una de las más sorprendentes, en las que veo manifestarse el SI en hombres y que difiere de como lo hace en las mujeres, es el área de la salud mental. En mi clínica privada de salud mental visito a muchos hombres, pero a menudo se presentan de un modo muy distinto a las mujeres que padecen problemas de salud mental. Según mi experiencia, los hombres son muchísimo más propensos que las mujeres a torturarse por sufrir alguna enfermedad mental. Les cuesta mucho más que a las mujeres aceptarlo.

Tradicionalmente, esta tendencia se ha traducido en una menor disposición a buscar ayuda, un extremo que hoy en día sigue vigente en gran medida. Una investigación reciente, realizada en 2016 por la Mental Health Foundation en el

Reino Unido, concluyó que los hombres siguen siendo más reticentes que las mujeres a buscar ayuda (el 28 por ciento de los hombres declararon no haber buscado ayuda para resolver un problema de salud mental, comparado con tan solo un 19 por ciento de las mujeres).[76] Según una fuente, muchos hombres evitan hablar sobre los pensamientos que los torturan por miedo a que los juzguen, los ignoren o les digan que «sean hombres».[77]

La misma investigación descubrió también que los hombres son más reticentes que las mujeres a contar a los demás que están padeciendo problemas mentales. Solo la cuarta parte de los hombres habían hablado del tema con otras personas, en comparación con la tercera parte de las mujeres, y la mayoría de ellos habían esperado dos años antes de reunir el valor necesario para confesarlo.

Un ejemplo perfecto de esta conducta es Dave Chawner, un cómico de 27 años que bregó con la anorexia y la depresión durante diez años antes de pedir ayuda. Declaró al periódico *The Guardian* que, aunque la sociedad «permite» a los hombres hablar de emociones como el estrés y la ira, «el resto se consideran vulnerabilidades», por lo que consideraba que

---

76. Doward, J. (2016). Men much less likely to seek mental health help than women (Los hombres son mucho menos propensos a buscar ayuda de salud mental que las mujeres). *The Guardian*. https://www.theguardian.com/society/2016/nov/05/men-less-likely-to-get-help-mental-health

77. Gladwell, H. (2018). 20 men reveal the one thing they wished they knew about other men's mental health (20 hombres revelan lo único que desearían saber sobre la salud mental de los otros hombres). *The Metro*. https://metro.co.uk/2018/03/01/20-men-reveal-the-one-thing-they-wish-others-knew-about-mens-mental-health-7351683/

los hombres reprimen esos sentimientos mucho más que las mujeres.[78]

- -

«SÉ UN HOMBRE» POSIBLEMENTE ES LA EXPRESIÓN MÁS DESTRUCTIVA DE LA CULTURA MODERNA

Un artículo publicado en 2015 en *The Telegraph* argumentaba que decir a los hombres que «sean hombres» puede tener consecuencias muy perjudiciales, porque la frase puede «enturbiar nuestra comprensión de la masculinidad y la hombría como conceptos».[79] Decir a un hombre que «actúe como un hombre» supone beber de los estereotipos masculinos alrededor del significado exacto de ser un hombre, que suelen responder a una figura fuerte, como salida de una película de acción. Una cultura en la que los hombres tienen que comportarse «como hombres» arrastra a los chicos a aprender muy pronto que «los chicos no lloran», por lo que deben aplastar y reprimir sus sentimientos. Se enseña a los jóvenes que la sensibilidad emocional es una debilidad y crecen con este mensaje grabado a fuego en la psique.

¿Es de extrañar que decir a un hombre que «sea un hombre» pueda llevar a que se cuestione su propio sentido de la masculinidad y hacer que se sienta un impostor respecto a su sexo?

- -

---

78. Doward, *op. cit.*

79. Wells, J. (2015). Is Man-Up the most destructive phrase in modern culture? (¿Es «sé un hombre» la frase más destructiva de la cultura moderna?). *The Telegraph*. https://www.telegraph.co.uk/men/thinking-man/11724215/Is-man-up-the-most-destructive-phrase-in-modern-culture.html

ESTUDIO DE CASO

Cuando acudió a mi consulta, Alex llevaba dos años sufriendo ansiedad por su salud. Su ansiedad había comenzado al morir su padre. Estaba constantemente preocupado por su salud, y pasaba horas peinando Internet y buscando en Google sus síntomas. Buscaba desesperadamente cualquier información que descartara que lo que le preocupaba fuese peligroso. A veces, el «Dr. Google» no le ofrecía el consuelo que necesitaba y concertaba numerosas citas con su médico. Incluso acudía al servicio de urgencias de vez en cuando, convencido de que estaba sufriendo un infarto.

A menudo acudía a mi consulta con algún síntoma que le preocupaba, buscando algún tipo de consuelo (que debido a que yo no era médico no podía proporcionarle). A veces desarrollaba una nueva preocupación por su salud durante la sesión, y yo detectaba que lo distraía algo que tenía en el brazo o en la cabeza, y que se toqueteaba la zona hasta que por fin confesaba que lo angustiaba un picor o una mancha en la piel.

La ansiedad por la salud de Alex se veía muy agravada por otro problema: la vergüenza profunda que le ocasionaba padecer este tipo de ansiedades. Creía firmemente que los hombres de verdad no se obsesionan de ese modo por su salud, y se había convencido de que no era un hombre de verdad y de que sus ansiedades eran la prueba de su falta de masculinidad. Este razonamiento tenía un grave impacto en su autoestima, hasta el punto que empezó a plantearse si debía dejar a su mujer y a sus hijos para que pudieran encontrar a un marido y un padre «de verdad» que los cuidase.

A los hombres les cuesta gestionar la disonancia existente entre las dos creencias que suelen albergar respecto a la salud mental. Por un lado, se espera que los hombres sean fuertes. Les han dicho repetidamente que se comporten «como hombres», lo que significa que deben ser duros, controlar sus emociones y, por encima de todo, ser fuertes. A los hombres no se les permite adquirir muchos rasgos positivos o sanos que se perciben como poco masculinos, entre los que se cuentan la posibilidad de sentir un amplio abanico de emociones como el miedo, el dolor, el desconcierto o la desesperación.[80]

¿Qué sucede, entonces, cuando se percatan de que no pueden renunciar a todo ello y se dan cuenta de que necesitan ayuda, de que son «débiles» y sus emociones amenazan con abrumarlos, y de que no pueden soportarlo todo? Algunos hombres son capaces de sustituir su creencia original por una nueva, y entender que los hombres pueden sentir emociones y seguir siendo hombres. Sin embargo, muchos hombres tienen el estereotipo tan interiorizado que no pueden desprenderse de él, lo que los lleva a concluir que no son un «hombre de verdad». Y, si no son un hombre de verdad, deben de ser un impostor.

Además, el intento de ignorar el síndrome del impostor podría estar contribuyendo a que muchos hombres decidan no solicitar la ayuda psicológica que necesitan. Si no aceptan sus problemas y no buscan ayuda, no tienen por qué sentir que como hombres son impostores. Desgraciadamente, este razonamiento conduce a estrategias de negación en lugar de a enfrentarse a los problemas, y los estudios confirman este punto: los hombres son tres veces más propensos al

80. Femiano, S. & Nickerson, M. (1989). How do media images of men affect our lives? (¿Cómo afectan nuestras vidas las imágenes mediáticas de los hombres?). *Center for Media Literacy*, https://www.medialit.org/reading-room/how-do-media-images-men-affect-our-lives

suicidio que las mujeres, y tienen tasas mucho más altas de consumo abusivo de alcohol y drogas.[81] Estos datos llevan a pensar que las estrategias inadecuadas para gestionar el problema, como la huida mediante el alcohol, las drogas e incluso el suicidio, deberían sustituirse por la estrategia más saludable de buscar ayuda profesional. El miedo a ser un impostor es potencialmente mortal para los hombres.

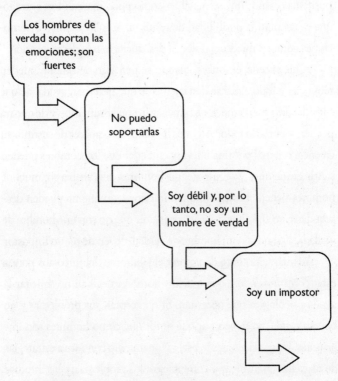

Arriba: Cómo pueden desembocar en el SI los problemas mentales de los hombres.

---

81. Men's mental health and attitudes towards seeking help (Salud mental de los hombres y actitudes hacia la búsqueda de ayuda). *National elf service.* https://www.nationalelfservice.net/mental-health/mens-mental-health-and-attitudes-to-seeking-help-an-online-survey/

LA SALUD MENTAL Y LOS HOMBRES

En 2015, el hospital psiquiátrico The Priory encuestó a 1.000 hombres para investigar la actitud de los hombres respecto a su propia salud mental. La encuesta desveló que el 77 por ciento de los hombres encuestados había padecido problemas de ansiedad/estrés/depresión.[82] Además, el 40 por ciento de los hombres declararon que no habían pedido ayuda hasta que se habían encontrado tan mal que habían empezado a pensar en autolesionarse o suicidarse. La quinta parte de los encuestados respondía que no pedirían ayuda a causa del estigma que conlleva hacerlo, mientras que el 16 por ciento aseguraba que no quería parecer «débil».

La salud mental y los hombres en el ámbito militar

El síndrome del impostor tiene una especial incidencia entre los militares varones aquejados de enfermedades mentales como el trastorno por estrés postraumático (TEPT). Por supuesto, hoy en día también hay mujeres en el ejército en situación de riesgo de sufrir TEPT, pero la carrera militar se ha visto tradicionalmente como una dedicación masculina y viril. El TEPT es una de las enfermedades mentales más habituales entre los militares a causa de la propia naturaleza de la guerra; los horrores del servicio activo están bien documentados. Los militares varones tienen buenos

82. Murphy, D. & Busuttil, W. (2015). PTSD, stigma and barriers to help-seeking within the UK Armed Forces (TEPT, estigma y barreras para la búsqueda de ayuda dentro de las Fuerzas Armadas del Reino Unido). *J R Army Med Corps Dec; 161(4)*: 322-326.

motivos para creer que sufrir TEPT socava su masculinidad (por lo que son varones impostores), por lo que tampoco son soldados verdaderos (por lo que son soldados impostores). Al fin y al cabo, el ámbito militar cuenta con un largo historial de asociar la salud mental con la debilidad entre sus tropas (mayoritariamente masculinas); la neurosis de guerra, el término original empleado para describir el TEPT en la primera Guerra Mundial, se consideraba generalmente una muestra de «debilidad emocional», y quienes lo sufrían y eran incapaces de combatir eran acusados de deserción o insubordinación, un «delito» por el que algunos fueron incluso fusilados.

Esta actitud, que enfoca la mala salud mental como una señal de debilidad, todavía puede verse reflejada en ciertas partes del estamento militar en las que la fortaleza psicológica puede ser algo muy valioso. En este sentido, un estudio mostró que los mandos militares veían más negativamente a los soldados que habían accedido a servicios de salud mental que a sus compañeros, y también sugería que les parece más legítimo sufrir una dolencia física que una mental.[83] Otro estudio reveló la reticencia a solicitar ayuda de las personas afectadas por TEPT tras ser desplegadas en Iraq o Afganistán; solo el 40 por ciento de los participantes que declaraban sufrir TEPT declaraban interés en acceder a servicios de salud mental, y solo el 25 por ciento de ellos recibía tratamiento.[84] El principal motivo esgrimido para este bajo porcentaje de tratamientos era el estigma, sobre todo en relación con la sensación de ser «débil» por necesitar ayuda.

---

83. *Ibid*
84. *Ibid*.

Todos estos factores llevan a que el soldado varón que desarrolla problemas de salud mental se encuentre en una posición incluso peor que la de un civil en términos de juicios de valor o ataques a la aparente falta de masculinidad. No solo se sienten emasculados (como muchos hombres civiles), sino que también se sienten malos soldados. Un doble triunfo para el síndrome del impostor.

ESTUDIO DE CASO

Mike había servido en Iraq y había sido testigo de varias escenas terribles. La peor en la que se vio envuelto fue cuando los vehículos de su pelotón pisaron una mina. Su comandante murió en el acto y Mike sufrió heridas graves con el resultado de una larga baja médica. Sin embargo, su peor problema fue el TEPT que había desarrollado. Lo torturaban visiones en las que podía ver, oír, e incluso oler la explosión. Sufría pesadillas y se despertaba aterrado, gritando y bañado en sudor. Cualquier ruido fuerte lo ponía en extrema alerta, y no se atrevía a ir a ningún lugar con globos, como restaurantes o fiestas infantiles, por si uno estallaba y le provocaba un ataque. También evitaba las aglomeraciones, porque las multitudes eran imprevisibles y deseaba que su mundo fuese seguro y previsible en todo momento.

El ejército le ofrecía un servicio de terapia psicológica, pero Mike había evitado todo contacto con él. Aseguraba al personal militar que se encontraba perfectamente y que lo único que impedía que volviese al servicio activo eran sus lesiones físicas. Era obvio que no estaba bien, pero sentía que no podía admitirlo. Durante mucho tiempo, ni siquiera fue capaz de aceptar que lo estaba pasando mal.

Siempre había pensado que las personas con problemas de salud mental eran débiles, y estaba firmemente convencido de que un soldado incapaz de soportar la presión sencillamente se había equivocado de trabajo. También pensaba que las mujeres soldado podían «trastornarse», pero los hombres debían ser auténticos machos que no lloraban jamás. Por todo ello, su malestar le resultaba muy doloroso, ya que hacía que se cuestionase su masculinidad (de la que siempre se había sentido muy orgulloso) y su futuro en el ejército. Había sido soldado desde los 18 años, y procedía de una familia de tradición militar. Si no podía soportar la vida de soldado, como parecía indicar su malestar, ¿qué le quedaba?

El TOC homosexual: cuando los hombres no creen ser lo bastante hombres

Cada vez visito a más hombres en mi consulta que presentan esta dolencia inusual. Son (o parecen ser) hombres heterosexuales, a menudo casados o en una relación estable, que se convencen de que en realidad son homosexuales. Pueden llegar a pasar horas todas las noches viendo pornografía gay para comprobar si se excitan (y a veces porno heterosexual para comparar sus reacciones). Incluso pueden iniciar relaciones con otros hombres para intentar demostrar si son o no homosexuales sin saberlo. También pueden obsesionarse con su aspecto, o preocuparse por si caminan de un modo poco masculino, se sientan en una postura «femenina» o tienen manierismos «gay». Llegan a evitar quedarse a solas con otros hombres o acercarse demasiado a ellos, así como las situaciones donde puedan ver cuerpos masculinos (como en la piscina o el gimnasio) por si se excitan y se desenmascaran. La posibilidad de que los tomen por homosexuales también puede desencadenar la ansiedad de estos individuos.

El problema subyacente es que creen vivir una vida falsa, porque, aunque todo el mundo piensa que son hombres heterosexuales «normales», esconden lo que ellos consideran un secreto íntimo y vergonzoso: que en realidad son homosexuales y son impostores.

Esta convicción de ser un impostor puede tener un grave impacto en su autoestima y sus relaciones. Ni siquiera los tranquiliza el hecho de no sentirse atraídos hacia otros hombres, porque solo les sirve para convencerse todavía más de que están negando la evidencia o mintiéndose a sí mismos. Sienten que no están siendo sinceros consigo mismos ni con sus familias, y muchos de estos «impostores» consideran que están traicionando enormemente a sus parejas, e incluso hay algunos que sienten la necesidad de «confesar» que son homosexuales a sus parejas (aunque no se sienten atraídos por los hombres), y perder relaciones perfectamente saludables e incluso familias a consecuencia de ello. A veces, sus parejas descubren su interés aparente por la pornografía homosexual y los dejan antes de que se produzca una confesión.

El TOC (trastorno obsesivo-compulsivo) homosexual es una enfermedad reconocida bajo el paraguas del TOC. Los hombres que lo padecen se obsesionan con la idea de que en el fondo son homosexuales y desarrollan una serie de compulsiones para probar o refutar sus temores. No obstante, las compulsiones solo les ofrecen un alivio temporal, ya que aproximadamente un día después de haber descartado sus preocupaciones, las dudas regresan y necesitan buscar nuevas pruebas. Se cree que el 10 por ciento de los pacientes con TOC podrían sufrir un TOCH (y también podría afectar a las mujeres, aunque parece menos habitual que entre los hombres).[85]

Cualquier cosa puede desencadenar el TOCH. Un hombre puede fijarse en otro hombre atractivo y temer que solo se ha fijado en él porque en el fondo es homosexual. También puede ser que un anuncio de ropa interior masculina les llame la atención, y lo consideren una nueva prueba de que en realidad les gustan los hombres. Como en realidad se sienten atraídos por mujeres y llevan un estilo de vida heterosexual, estos pensamientos les despiertan un miedo atroz, porque supondrían una prueba de que son impostores. Así pues, intentan sacarse estas ideas de la cabeza, pero cuanto más se esfuerzan en no pensar en ello, más poderosa se vuelve la fijación. En un breve periodo de tiempo, estos hombres se obsesionan con la idea de que son hombres homosexuales haciéndose pasar por heterosexuales.

A menudo, los pacientes de TOCH tienen una baja autoestima en lo relativo a su identidad de género. Saben que son varones, pero no sienten que encajen en los estereotipos masculinos tradicionales. Por ese motivo, piensan que no son lo bastante hombres y se ven como impostores, y para ellos, un indicador que delata a los impostores entre los hombres es el hecho de no encontrar atractivas a las mujeres. La idea de no ser lo bastante hombre empieza a convertirse en la preocupación ante la posibilidad de ser homosexual, y pronto degenera en el TOCH.

Algunos pacientes de este trastorno proceden de familias en las que la homosexualidad se ve con muy malos ojos y llamar a

---

85. 12 signs that you might have homosexual OCD (12 signos de que podrías tener TOC homosexual). https://www.intrusivethoughts.org/blog/12-signs-might-homosexual-ocd/

alguien gay se considera un insulto a la masculinidad. Este contexto puede provocar que la idea de ser gay aterrorice al paciente.

El trastorno se ve agravado por la circunstancia de que muchos hombres (y, por supuesto, mujeres) sienten un cierto grado de atracción por las personas de su propio género. Distintos estudios han mostrado que entre el 8 y el 37 por ciento de la población admite haber tenido relaciones sexuales con una persona de su mismo sexo en algún momento de sus vidas.[86] Muchos hombres experimentan con la homosexualidad en algún punto y algunos siguen sintiéndose atraídos hasta cierto punto por hombres. Estos sentimientos pueden alimentar la creencia del paciente con TOCH de que en el fondo es gay (o bisexual) y su estilo de vida heterosexual es una simple fachada.

ESTUDIO DE CASO

Dave era un auténtico «machote»: en forma, musculado y de discurso arrogante. Estaba casado y tenía hijos, pero vino a verme porque estaba seguro de que su vida entera era una mentira y de que en realidad era gay. Sentía que ya no podía vivir más aquella farsa y que tal vez debía salir del armario, dejar a su esposa y comenzar una nueva vida como un hombre homosexual.

Cuando le pregunté qué le había impedido hacerlo antes, admitió que en realidad no estaba seguro de ser gay. Le pregunté

---

86. Kinsey, A. *Sexual Behaviour in the Human Male* (El comportamiento sexual en el hombre, 1948) and *Sexual Behaviour in the Human Female* (El comportamiento sexual en la mujer, 1953).

abruptamente si quería mantener relaciones sexuales con otros hombres, pero él estaba seguro de que no lo deseaba. De hecho, la idea parecía repugnarle, aunque afirmaba no sentir repugnancia alguna hacia los hombres homosexuales. Le pregunté si se sentía atraído por las mujeres y respondió que sí. Deseaba hacer el amor con su esposa (y a veces con otras mujeres). Fantaseaba con mujeres, no con hombres.

Entonces, ¿por qué pensaba que era homosexual? La respuesta era que había mantenido un encuentro homosexual a los 15 años y se había dado cuenta de que pensaba en ello a menudo. En aquel encuentro no había mantenido relaciones sexuales, pero estaba convencido de que aquella obsesión con el episodio significaba que, en realidad, era gay. Pensaba que no era un «hombre de verdad» y que la situación no era justa para su esposa. Me preguntó si debería confesarle su «secreto».

En mi opinión, estaba muy claro que Dave no era gay y ni siquiera bisexual. Sus temores parecían impregnados de inseguridades respecto a su masculinidad. De joven, había perseguido a mujeres incansablemente, y tenía reputación de faldero, una conducta orientada a probar su masculinidad. Lo cierto es que se desarrolló tarde y que, en su etapa escolar, el resto de los chicos se desarrollaron mucho antes que él. A consecuencia de ello, había sido el blanco de muchas burlas, y lo habían llamado gay y «niña», lo que había provocado que se sintiera inseguro acerca de su masculinidad, una situación que se estaba manifestando en su TOCH.

El TOC pederasta: un impostor más extremo

Existe una rara variante del TOCH que todavía refleja más el síndrome del impostor: el que sufre el hombre (suele tratarse de un varón) que teme ser un pederasta. Este hombre se preocupa incesantemente por la posibilidad de sentirse atraído por niños (de cualquier sexo) y puede llegar a obsesionarse con ello, por lo que comprueba constantemente si se siente atraído hacia ciertas imágenes. La obsesión puede arrastrarlo al sórdido mundo de la pornografía infantil, para tratar de demostrar que no es el monstruo en el que lo convertiría el hecho de ser un pederasta. Aunque las imágenes le parezcan repugnantes, el alivio no dura, y cuando lo asalta la duda se pregunta si tal vez le resultaría más atractivo un escenario distinto (diferente sexo, edad, color de pelo, etc.). Naturalmente, esta conducta puede causar problemas si es descubierta, y algunos pacientes aquejados de este trastorno podrían llegar a verse separados de sus propios hijos si las autoridades se percatan de su aparente interés por la pornografía infantil.

El TOCP, como el TOCH, es una variante del síndrome del impostor. El hombre teme ser un impostor como hombre o como ser humano. El peor tipo de humano que pueden imaginar es un pederasta, por lo que es exactamente lo que temen ser sin saberlo. Creen que son un monstruo malvado que se hace pasar por un ciudadano ejemplar, lo que se debe a que no pueden creer que sean el ciudadano modelo por el que todo el mundo parece tenerlos. Se trata de una forma de impostura como el resto de los tipos que abordamos en este libro.

Consejos y estrategias

Tras leer sobre varios de los distintos tipos de síndrome del impostor que sufren los hombres, examinemos algunas estrategias que pueden ser de utilidad para combatirlo. La primera es un test diseñado para cuestionar los estereotipos sobre lo que significa ser un hombre, pero las estrategias siguientes son útiles para cualquiera. No olvides consultar también las técnicas propuestas al final de los demás capítulos.

Para los hombres:

Test sobre los estereotipos masculinos

Este test te propone que consideres hasta qué punto tienes interiorizados los «tres grandes» estereotipos tradicionales del hombre de negocios exitoso, el atleta y/o el hombre de familia. Cuanto más valor atribuyas a estos ideales, más propenso podrías ser a sufrir el SI. El test puede ayudarte a identificar hasta qué punto sientes que estos estereotipos son lo que te hacen ser un hombre:

1. ¿Cuán importante es para ti el estatus?

Muy importante									Nada importante
1	2	3	4	5	6	7	8	9	10

2. ¿Cuán importante es para ti el éxito económico?

Muy importante									Nada importante
1	2	3	4	5	6	7	8	9	10

3. ¿Cuán importante es para ti tener un cuerpo atlético o musculado?

Muy importante									Nada importante
1	2	3	4	5	6	7	8	9	10

4. ¿Cuán importante es para ti la fuerza física?

Muy importante									Nada importante
1	2	3	4	5	6	7	8	9	10

5. ¿Cuán importante es para ti estar con tus hijos en los acontecimientos señalados?

Muy importante									Nada importante
1	2	3	4	5	6	7	8	9	10

6. ¿Cuán importante es para ti pasar tiempo de calidad con tus hijos el fin de semana?

Muy importante									Nada importante
1	2	3	4	5	6	7	8	9	10

La distribución de las puntuaciones te dará una idea del estereotipo masculino al que más te ajustas; y aceptarlo es el primer paso para combatirlo. Si has puntuado por debajo del 4 las preguntas 1 y 2, es posible que el estereotipo del «hombre de negocios» sea un detonante de tu impostor. Puntuaciones por debajo del 4 en las preguntas 3 y 4 indican que el «atleta» podría ser tu desencadenante, mientras que una puntuación inferior a 4 en las preguntas 5 y 6 sugiere que el «padre de familia» podría ser tu desencadenante. Si has puntuado por debajo del 4 en más de un estereotipo, puede que seas más vulnerable al SI, ya que es muy difícil alcanzar esos ideales en más de un campo, y si no los alcanzas, podrías percibir que no eres lo bastante hombre.

El mejor consejo que te puedo dar es que cuides activamente tu salud mental y no tengas miedo de pedir ayuda. También deberías animar a los hombres de tu lugar de trabajo y tu entorno social a hablar de sus emociones. Combate el estigma e inspira a la gente a repensar el significado de ser un hombre moderno.

Para todo el mundo:

Ejercicio uno: «Sal del armario» de los impostores
¿Te atreves a confesar tus sentimientos de impostor a otras personas? Muchos impostores temen «salir del armario» porque creen que, si cuentan a otras personas que no se consideran tan buenos como piensa el resto del mundo, «la verdad» se hará pública y se quedarán sin tapadera. Por este motivo se ha hablado del SI como un pequeño secreto indecente; los impostores se sienten obligados a mantener en secreto el hecho de que son

impostores, pero luego se sienten mal, e incluso malvados, por ocultar la verdad.

Sin embargo, hablar sobre tus sentimientos puede ser enormemente útil, sobre todo porque es probable que al menos el 70 por ciento de las personas que conoces se sientan igual. Habla con compañeros de trabajo, o incluso superiores, en los que confíes. Habla con amigos, escribe sobre el tema en un blog o tuitea sobre el asunto; independientemente del medio que elijas para hacerlo público, es muy probable que encuentres a otras personas preparadas para «salir del armario» y sumarse a ti. Saber que no estás solo puede ser muy útil para ver el síndrome como lo que es: un trastorno que puede gestionarse, y no una reflexión sobre la realidad.

Ejercicio dos: Comete más errores

Los impostores tienen una muy baja tolerancia a las cosas imperfectas y se esfuerzan mucho más de la cuenta para asegurarse de que no cometen errores. Esto les permite comprobar que, en realidad, sí que son personas válidas, pero es una perspectiva poco realista que solo sirve para fortalecer el síndrome.

El problema es que vivimos en una cultura con poca tolerancia a los errores. De hecho, nuestra sociedad incluso arrastra a algunas personas hacia el desarrollo de un trastorno obsesivo-compulsivo (TOC), ya que comprueban constantemente que no se han equivocado, sobre todo en su puesto de trabajo. Cada vez veo más casos de este tipo en mi consulta y creo firmemente que vivimos en una época en la que tenemos más miedo que nunca a equivocarnos, porque la política de nuestras empresas tolera cada vez menos los errores que pueden costarles dinero y reputación en un mundo que se vuelve más competitivo a diario.

No obstante, muchas empresas han empezado a darse cuenta de que cometer errores puede ser beneficioso. El problema de una política basada en el temor a cometer errores no es solo que los empleados se vuelven alérgicos a los riesgos, sino que pueden llegar a estar tan atemorizados que acaban paralizados y no realizan su trabajo adecuadamente. Incluso los médicos, cuyos errores pueden suponer la vida o la muerte del paciente, deben asumir riesgos en ocasiones, porque errar por ser demasiado cauteloso a veces puede desembocar en un peor resultado. El gurú de la gestión de empresas Peter Drucker expresó esta idea claramente cuando sugirió que en lugar de despedir a los empleados que cometen errores, las empresas deberían despedir a quienes no los cometen nunca, porque si alguien no se equivoca jamás, es porque nunca ha hecho nada interesante.[87] Es más, los errores contribuyen al aprendizaje, por lo que una empresa cuyos empleados temen equivocarse podría crecer menos de lo debido. Según recogía un artículo publicado en 2002 en la *Harvard Business Review*, «un negocio no puede desarrollar un producto o un proceso innovadores si no está dispuesto a fomentar la toma de riesgos y el aprendizaje de los errores subsiguientes».[88]

87. Ijaz, R. (2016). 5 reasons your employees shouldn't fear making mistakes (5 razones por las que tus empleados no deberían tener miedo a cometer errores). *Entrepreneur.* https://www.entrepreneur.com/article/280656

88. Farson, R. & Keyes, R. (2002). The Failure-tolerant Leader (El líder tolerante al fracaso). *Harvard Business. Review* https://hbr.org/2002/08/the-failure-tolerant-leader

Arriba: La visión que tienen las personas con SI de los errores.

El ámbito laboral no es el único en el que podemos aprender y beneficiarnos de los errores cometidos. El autor de un artículo de opinión publicado en el *Huffington Post* escribió que «los errores nos enseñan a aceptarnos y a reconocer que podemos tener defectos y ser amados pese a ello».[89] Debemos aprender que, aunque cometamos errores, seguimos siendo lo bastante buenos; nuestra autoaceptación y autoestima no deberían depender de ser perfectos, porque ese es un ideal que nos aboca irremediablemente al fracaso.

---

89. Saunders Medlock, L. (2014). Don't fear failure (No le temas al fracaso). *Huffington Post.* https://www.huffingtonpost.com/lisabeth-saunders-medlock-phd/dont-fear-failure-9-powerful-lessons-we-can-learn-from-our-mistakes_b_6058380.html

Así pues, tenemos que aprender a ser tolerantes con nuestros propios errores y defectos, y aprender que no menoscaban nuestra competencia general.

Esta aceptación de los errores es importante en el caso de los niños. Debemos animar a nuestros hijos a intentar cosas y cometer errores, por lo que conviene dejar de corregirles los deberes, ayudarlos a hacer trabajos escolares o presionarlos para que saquen un excelente en todos los exámenes. En los capítulos 6 y 7 encontrarás más consejos para ayudar a los niños a reducir los sentimientos propios del SI.

Para poner esto en práctica, dibuja una tabla y, en la columna de la izquierda, anota una lista de cinco o más errores que hayas cometido en el pasado (por ejemplo, que el equipo de fútbol que entrenas o en el que juegas quedó eliminado de una competición, un negocio que hayas perdido por un error evitable, etc.). A continuación, escribe en la segunda columna lo que has aprendido de ese error. Este ejercicio debería ayudarte a aceptar tus errores y enfocarlos como experiencias de aprendizaje.

Error	Lo que aprendí
Hice un comentario a un compañero sobre su peso que después supe que lo había ofendido mucho.	No soy perfecto, pero me lo pensaré mucho más antes de comentar el aspecto de las personas.
Cometí un error al no pesar nuestras maletas de antemano, por lo que tuve que pagar mucho en el aeropuerto y me estresé.	Soy humano y cometo errores, pero de ahora en adelante siempre pesaré las maletas.

Eso no significa
que no sea
bueno, solo que
soy humano.

Me esforzaré al
máximo, pero
acepto que puede
que cometa
errores.

He cometido un error.

Arriba: La visión que tienen las personas sin SI de los errores.

Ejercicio tres: Rebate tu visión del éxito

La sociedad parece tener una perspectiva bastante asentada respecto a lo que significa tener éxito, y a menudo está relacionada con el estatus y la riqueza. Sin embargo, deberíamos revisar esta perspectiva, dado que, al fin y al cabo, el dinero y el estatus no equivalen a la felicidad. La mayoría de las personas situarían el dinero en lo más alto de la lista de cosas que las harían felices. ¡Qué felices seríamos si ganásemos unos miles más al año! No obstante, los estudios demuestran una y otra vez que el dinero solo nos hace felices hasta cierto punto. Necesitamos dinero para comprar cosas imprescindibles y algunos lujos, pero, más allá de estos mínimos, más dinero no implica necesariamente más felicidad. La investigación llevada a cabo en Estados Unidos por Daniel Gilbert, autor de *Stumbling on Happiness* (2006), sugiere que tener ingresos familiares por debajo de los 50.000 dólares está moderadamente relacionado con la felicidad, pero que unos ingresos por encima de los 50.000 desembocan en una correlación menguante entre el dinero y la felicidad.[90] Esto se traduce en que los estadounidenses que cobran 50.000 dólares al año son mucho más felices que los que ganan 10.000 dólares anuales, pero los que perciben 5 millones al año no son mucho más felices que quienes ingresan 100.000 dólares anuales.

Este fenómeno se debe a que cuanto más tenemos, más queremos. Tal vez pensemos que nos bastaría con tener el último teléfono móvil para ser felices, pero cuando lo tenemos, ansiamos la nueva tableta de moda. Comprarla solo nos hace felices una corta temporada, tras la cual deseamos otra cosa. Las personas ricas también pueden desarrollar la sensación de tener derecho a todo, lo que solo les causa decepción cuando no se satisfacen estas expectativas constantes.

Imagina que ganas la lotería. ¡Eres rico! Tu felicidad no conoce límites e inviertes en una casa, un coche y unas vacaciones. Sin embargo, pronto descubres que ya no encajas en tu viejo grupo de amigos, que envidian tu nuevo estilo de vida, y empiezas a codearte con personas más acaudaladas que pueden gozar del mismo estilo de vida que tú. No obstante, poco después te das cuenta de que en ese nuevo grupo hay personas más ricas que tú y poseen un coche mejor, una casa más amplia, etc. Esta situación hará que te sientas insatisfecho con lo que tienes y desees tener todavía más.

---

90. Gilbert, D. (2006). *Stumbling on to Happiness* (Tropezar con la felicidad). Nueva York: Vintage Books.

Este fenómeno se denomina hipótesis de la adaptación hedonista,[91] y afirma que, del mismo modo que adaptamos la velocidad de nuestro paso a la de una cinta de correr, también ajustamos nuestro estado de ánimo a las circunstancias de la vida. Los ganadores de la lotería aseguran sentirse extremadamente felices tras ganar el premio, pero su nivel de felicidad se desploma a su nivel habitual unos dos meses más tarde. De modo semejante, las personas que quedan paralizadas de cintura para abajo recuperan su grado de felicidad normal en cuestión de meses.

No obstante, eso no significa que el dinero sea irrelevante para la felicidad. Nos permite acceder a otras cosas que contribuyen a ella, como pasar más tiempo con nuestros hijos o disponer de mejores oportunidades sociales y de ocio, que nos hacen más felices. Sin embargo, creer que el dinero es por sí mismo una medida del éxito es comprender erróneamente qué significa el éxito. El éxito está sin duda relacionado con la felicidad, dado que una persona feliz es claramente más exitosa que una persona rica pero infeliz. El dinero puede contribuir a la felicidad, pero no es suficiente.

Quienes padecen el SI suelen medir su éxito y sus logros según consideraciones materiales (que son tangibles y muy visibles) en lugar de basarse en consideraciones invisibles y desconocidas basadas en la auténtica felicidad. Ese es el motivo por el que muchas personas preferiríamos ganar 50.000 dólares anuales y que todos nuestros amigos cobrasen 30.000 a ingresar 80.000 dólares y que todo nuestro círculo de amistades percibiese 100.000. En el

91. Diener, E., Lucas, R.E., & Scollon, C. N. (2006). Beyond the Hedonic Treadmill: Revisions to the adaptation theory of well-being (Más allá de la adaptación hedonista: revisiones a la teoría adaptativa del bienestar). *American. Psychologist, 61*, 305-314.

primer caso, podemos compararnos con los demás y sentirnos «exitosos», pero en el segundo, aunque estemos ganando más, no nos sentimos tan «triunfadores» como nuestros amigos. Si conseguimos cambiar la forma en la que medimos el éxito, puede que a la larga tengamos una mayor sensación de «haberlo logrado».

Escribe cuál es tu escala para medir el éxito. ¿Qué te haría pensar: «sí, lo he conseguido»? A continuación, rebate estos indicadores. ¿Por qué consideras que sirven para medir el éxito? Por ejemplo:

Indicadores del éxito para mí	¿Cómo puedo rebatirlos?
Estatus y reconocimiento; quiero que la gente me vea como una persona exitosa. No me basta con sentirme realizado.	¿De quién me importa realmente lo que pueda pensar? ¿Mis amigos? ¿Mi familia? ¿Qué amigos? ¿Los amigos de verdad no deberían valorarme de todos modos?
Dinero	¿Cuánto dinero necesito para que me consideren exitoso? ¿Por qué? ¿Cómo me haría más feliz esa consideración?

5

El impostor social: los impostores fuera del lugar de trabajo

Hasta ahora hemos enfocado el SI principalmente en el ámbito laboral, ya que se trata del lugar al que tradicionalmente se ha asociado. Pocos estudios y fuentes abordan el síndrome lejos del mundo laboral, quizá porque siempre se ha visto como algo que puede entorpecer el progreso de las personas en su carrera. Sin embargo, experimentar ser un impostor trasciende el puesto de trabajo, y el impacto que puede tener sobre la confianza, la salud mental y la autoestima es igual de importante. Este capítulo explora tres de las principales esferas sociales ajenas al trabajo en las que puede florecer el síndrome del impostor, y examina los motivos que pueden causarlo, el impacto que tiene y qué podemos hacer para combatirlo. Los tipos de impostores que analizaremos son: la persona amable que no cree que sus buenos actos sean suficientes, la persona popular que nunca parece tener bastantes amigos y la persona que parece tenerlo todo... pero no es feliz. También veremos brevemente el caso de los impostores religiosos, antes de concluir el capítulo con algunos consejos y estrategias para gestionar mejor estos tipos de impostura.

El impostor buenazo

Todos sabemos de quién hablo: ese amigo o conocido que siempre parece estar ayudando a todo el mundo. Son los primeros que se ofrecen voluntarios para todo y dedican el tiempo libre a ayudar en residencias de ancianos o a tejer gorritos para bebés prematuros de países en vías de desarrollo. Llevan comidas caseras a enfermos y desfavorecidos, corren maratones por causas benéficas y siempre hacen donativos generosos para comprar regalos de cumpleaños en su empresa. En otras palabras, son buenazos de libro.

Pese a todo, rara vez he conocido a uno de estos benefactores que piense que hace un buen trabajo. Si los alabas por tener buen corazón, invariablemente rechazan las loanzas con un: «ah, pero si no es nada». En muchos casos, no se trata de falsa modestia, sino que a menudo creen que son impostores haciéndose pasar por el ángel por el que los toma todo el mundo. De hecho, incluso es posible que piensen que tratan de hacer el bien por motivos puramente egoístas.[92]

Uno de los programas terapéuticos que he desarrollado para personas que se encuentran en horas bajas consiste en llevar un

---

92. Solomon, K. (2017). (Here's why imposter syndrome can be a good thing) (He aquí por qué el síndrome del impostor puede ser algo bueno). *Prevention.* https://www.prevention.com/life/a20487332/imposter-syndromebenefits/

diario titulado «10 minutos para ser feliz».[93] Como parte de esta terapia, los participantes deben registrar los buenos actos o los gestos amables desinteresados que llevan a cabo. La base del ejercicio es que los estudios han demostrado que ser amables con otras personas y las buenas acciones nos hacen sentir bien y pueden llegar a mejorar nuestra salud. Las personas que llevan a cabo buenos actos regularmente sienten que contribuyen a la sociedad y que tienen un propósito en la vida. Registrar nuestras buenas acciones nos permite apreciar que somos buenas personas y, por lo tanto, aportamos valor a la sociedad. Sin embargo, considero que se trata de una de las cosas más difíciles que puedo pedir a una persona, porque a mis clientes les suele costar percibir y aceptar sus buenos actos. Cuando les indico algo que han hecho, simplemente se encogen de hombros y dicen que no es «nada especial».

¿A qué se debe esta situación? ¿Por qué hay tantas personas a las que les cuesta aceptar que lo que hacen está bien, es un acto amable, ayuda a los demás y aporta algo a la sociedad? ¿Por qué piensan que son impostores y que no son tan buenos y amables como piensan los demás? Evidentemente, muchas buenas personas son también modestas y discretas, pero el SI lleva esta conducta al extremo.

El fenómeno puede deberse a varias razones, una de las cuales podría guardar relación con el acto mismo de llevar a cabo una buena acción y el motivo por el que lo hacemos. La mayoría de personas parecemos pensar que una persona realmente buena es aquella que hace cosas buenas sin esperar ni desear nada a

93. Mann, S. (2018). *10 Minutes to Happiness* (10 minutos para la felicidad). Londres: Little, Brown.

cambio. Esa es la marca que identifica a las almas auténticamente buenas. Por eso, cuando alguien reconoce nuestra bondad, queremos asegurarnos de que no obtenemos beneficio alguno por ella, incluido el sentimiento positivo que acompaña a los halagos. Por lo tanto, debemos restar importancia a la buena acción para evitar beneficiarnos de ella, lo que negaría la bondad del acto.

¿CUENTAN LOS BUENOS ACTOS SI NOS SENTIMOS BIEN POR HABERLOS HECHO?

En general, la gente que realiza un buen acto se siente bien, lo que podría poner en cuestión la auténtica motivación de quien realiza la buena acción. Es un tema que exploré en mi libro *Paying It Forward*[94], publicado en 2015. Ahora bien, ¿qué ocurre con las personas que actúan de forma bondadosa, aunque hacerlo tenga un gran coste para ellas, cuando no hay nada material que puedan ganar y no hay nadie cerca que pueda presenciar su generosidad? ¿Actúan estas personas por puro altruismo? Podría argumentarse que, incluso en estos casos, es posible que lo hagan por una motivación egoísta. Los benefactores podrían verse menos motivados por el deseo de mejorar la vida de otras personas, y más impulsados por el deseo de sentirse bien, dignos, superiores o, simplemente, un poco más arriba en una escala deseable (la de la amabilidad) que los demás, lo cual hace que se sientan orgullosos de sí mismos. Incluso podrían

-----

94. Mann, S. (2015). *Paying it Forward: How one cup of coffee could change the world* (Café pendiente: cómo una taza de café puede cambiar el mundo). Londres: HarperTrue Life.

estar motivados por el alivio que sienten al saber que han ayudado a reducir el sufrimiento de otra persona.

En cualquier caso, este razonamiento no niega la bondad inherente de los «buenazos». Las personas que se ven motivadas y recompensadas por un fuerte deseo de ayudar son, sin duda, seres humanos superiores. Cualquier beneficio que reciban por sus actos no niega su bondad, aunque los buenazos impostores puedan llegar a pensarlo.

En consecuencia, nos convencemos a nosotros mismos de que el buen acto no significa nada. ¡El problema es que la gente no deja de decirnos lo buenos que somos! Los halagos nos provocan una disonancia, ya que, si aceptamos que son ciertos, nos beneficiamos de algún modo de nuestra buena acción y, desde nuestro punto de vista, ¡deja de serlo! Por otro lado, si los rechazamos, nos sentimos impostores, porque todo el mundo nos dice lo buenos que somos, aunque no es cierto. Es un dilema en toda regla.

Una explicación alternativa para el impostor buenazo es que piensa realmente que no ha hecho nada especial. En otras palabras, no le cuesta ningún esfuerzo negarlo, porque está convencido de que no tiene importancia. Exactamente los mismos procesos que atormentan a personas exitosas en el ámbito laboral entran en juego con las personas que tienen «éxito» haciendo buenas acciones. Recuerda las tres características definitorias del SI del primer capítulo (véase la página 15). Podríamos aplicarlas sustituyendo el criterio «éxito en el trabajo» por «éxito al hacer buenas acciones»:

1. La creencia de que los demás tienen una visión exagerada de lo noble que es tu corazón.
2. El miedo a que descubran que, en realidad, no eres una persona tan buena y te expongan como tal.
3. La atribución persistente del éxito (en este caso, el éxito al ser amable) a factores externos, como la suerte: «Estaba en el lugar adecuado en el momento adecuado», «Cualquiera habría hecho lo mismo».

Realizo una buena acción

La gente me dice que soy buena persona

Si creo sus palabras, me sentiría bien, con lo que me beneficiaría de la buena acción. ¡Si me beneficio de ella, deja de ser una buena acción!

Al final, me enfrento a una disonancia: la gente dice que soy bueno, y yo digo que no, así que debo de ser un impostor

Por eso niego el buen acto: «No soy bueno, no ha sido nada»

Arriba: El patrón de pensamiento del impostor buenazo.

Como las personas exitosas que sufren el SI en su trabajo, los impostores buenazos temen que descubran su condición de impostores. A fin de cuentas, son capaces de aportar montañas de pruebas para demostrar que no son tan buenos como la gente piensa. Señalarán y recopilarán ejemplos de buenas obras que no han hecho para demostrar que no son tan buenos como todo el mundo cree. Como esos impostores «saben» que, en el fondo, son malas personas que a veces hacen comentarios vulgares, o que en ocasiones pasan junto a una persona sin techo sin hacer nada, consideran que lo mejor que pueden hacer es llevar a cabo más buenas acciones. No obstante, como le ocurre al resto de los impostores, nunca harán lo suficiente, porque no pueden librarse del todo de la convicción de que no son tan buenos como todo el mundo opina.

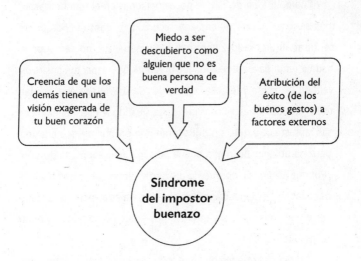

Arriba: Las características definitorias del SI aplicadas al impostor.

ESTUDIO DE CASO

Aaron es un joven devoto de las buenas causas. Cuando lo conocí, tenía 28 años y dedicaba buena parte de su tiempo a obras benéficas. Pasó un año sabático ayudando a construir escuelas en África, y ha regresado a ese continente cuatro veces desde entonces. Para financiar los viajes y los recursos que necesita durante la estancia, participa en incontables actividades para recaudar fondos que absorben gran parte de su vida. Ha completado una carrera benéfica, ha saltado en paracaídas, ha caminado sobre brasas, y muchas cosas más. Además, pasa una tarde a la semana preparando sándwiches en su cocina que lleva por la noche a los sintecho que viven en las calles de su ciudad. Por si fuera poco, trabaja para una institución benéfica.

Cualquiera pensaría que pocas personas en el mundo hacen más bien que Aaron. Sin embargo, acudió a mi consulta porque se sentía malhumorado y deprimido. Afirmaba que no servía para nada y tenía baja autoestima. Le pregunté qué aspectos positivos veía en sí mismo y le costó responder. Tardó mucho en desvelar todas las cosas maravillosas que hace. Cuando le dije que eran cosas fantásticas y que, sin duda, eran una prueba de que era una persona útil, e incluso una buena persona, reaccionó con desdén. ¿Por qué? Según él, porque «lo disfruto». Sentía que lo que hacía le daba tanto —experiencias emocionantes, viajes al extranjero, conocer a personas nuevas e interesantes— que no se podían contar como buenas obras.

Lo peor es que me dijo que todo el mundo reaccionaba como yo, y lo trataba como si fuera una especie de santo por todo lo que hacía en su tiempo libre. Se sentía un farsante y estaba convencido de que no era buena persona. De hecho, no tardó en citar abundantes ejemplos en los que había hecho cosas desagradables.

El talón de Aquiles de los impostores buenazos es el valor que otorgan a ser amables. Para ellos, lo es todo. Esta conducta puede deberse, por ejemplo, a que se criaron en un hogar en el que las buenas obras y la ayuda al prójimo se valoraban más que el éxito económico o el estatus. En ese contexto, interiorizaron que merecía la pena mantener ese valor, pero, como otros impostores, son perfeccionistas, y por más buenas acciones que realicen, siempre sienten que quedan muchas pendientes. Por este motivo, nunca superarán el listón altísimo que consideran que debe alcanzar una persona realmente buena.

Por otra parte, los impostores buenazos también pueden haber crecido en un entorno en el que se los etiquetaba de «egoístas» o incluso se les decía que no eran buenas personas. Una etiqueta como esa les hace sentirse mal, por lo que se esfuerzan por ser bondadosos y demostrar que son buenas personas.

Como vimos en el capítulo 1, para los impostores buenazos realizar buenas acciones puede ser la causa de una disonancia si no se consideran inherentemente buenas personas. Saben que están haciendo buenas obras, y sin embargo también creen que no son buenas personas. Para salvar esta contradicción, deben cambiar una de las creencias, y resulta más fácil cambiar la idea de que la acción ha sido buena (la acción no ha sido para tanto) que cambiar la idea que tienen de sí mismos (en realidad, sí debo de ser buena persona).

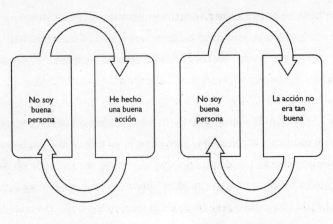

Arriba: El conflicto.

Arriba: La resolución del impostor buenazo.

El impostor popular

Tengo una amiga cuya vida parece una enorme fiesta. La invitan a todo y su presencia es invariable en cualquier fiesta, boda o celebración de cumpleaños de la ciudad. Si quieres verla un fin de semana, debes concertar la cita con al menos tres meses de antelación. Como si fuera un restaurante exclusivo, todo el mundo se disputa la oportunidad de pasar tiempo con ella. De hecho, en nuestro círculo de amistades la llaman Doña Popular y cultiva su carisma siendo divertida en todo momento.

Pese a todo, recientemente conseguí secuestrarla para tomar un café y me confesó que no es tan popular como piensa todo el mundo. De hecho, me aseguró que tenía pocos amigos «de verdad» y que, en realidad, se siente sola. Me dijo que su reputación de ser siempre el alma de la fiesta la incomodaba porque sabía que no era cierto. Era una impostora.

No es la única. En mi consulta veo a menudo ejemplos del impostor popular. Se trata de personas (generalmente mujeres) que parecen tener un grupo muy nutrido de amigos, pero que aseguran que todo es pura fachada y que en realidad no caen bien a nadie.

¿Por qué ocurre este fenómeno? Como sucede con todos los impostores, todo se reduce a la inseguridad y los valores: a menudo las cosas que más valoramos son las que nos hacen sentir más inseguros. Como la popularidad lo es todo para algunas personas, se esfuerzan para alcanzarla. Ahora bien, ¿qué grado de popularidad deben alcanzar para estar satisfechos? ¿Cuál es el punto en el que un impostor puede declararse popular? Es probable que nunca lo haga. Como sucede con todas las conductas de impostores, cuanto más consigan, más subirán el listón. O bien quitarán méritos a sus logros como hacen los demás impostores.

Volvamos a las tres características definitorias del SI y veamos cómo se aplican al impostor popular:

1. La creencia de que los demás tienen una visión exagerada de tu popularidad.

2. El temor a que descubran que, en realidad, no eres una persona tan querida ni caes tan bien y te expongan como tal.

3. La atribución persistente del éxito (en este caso, tener amigos) a factores externos, como el esfuerzo, ya que los impostores populares suelen esforzarse mucho por cultivar su popularidad, saliendo con sus amigos o llamándolos a todas horas. Esta circunstancia también les

permite restar mérito a su popularidad aparente, ya que pueden pensar que solo los invitan a fiestas por devolverles la hospitalidad, y no porque caigan bien a los demás.

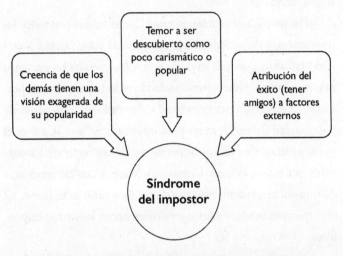

Arriba: Las características definitorias del SI aplicadas al impostor popular.

ESTUDIO DE CASO

Marsha acudió a mi consulta porque se sentía sola. A sus 65 años, había enviudado recientemente y se sentía muy triste y sola. Esperaba que me dijera que se había quedado en casa sollozando desde la muerte de su marido, pero me sorprendió al relatar una vida social muy activa. Los lunes iba a jugar a bridge, los martes acudía a un club de punto, los miércoles hacía yoga, y los jueves iba a clases para adultos. Los viernes iba de compras y cocinaba, porque los fines de semana siempre celebraba cenas espectaculares. Tenía dos hijos y nietos que vivían cerca de ella, contaba con amigos por todo el país con los que hablaba o a los que iba a visitar a menudo, y era muy activa en Facebook.

Me chocó ligeramente la incoherencia entre su vida social aparentemente saludable y el hecho de que se sintiera sola. Mientras hablaba, detecté que estaba ante un caso de impostora popular: el resto del mundo la consideraba el alma de la fiesta, pero ella sentía que todo era una farsa y que en realidad no tenía ningún amigo de verdad. No consideraba un auténtico amigo a ninguna de las personas a las que veía en los clubs a los que asistía, ni siquiera a aquellas con las que socializaba los fines de semana, por lo que sentía una desconexión entre la mujer popular que la gente parecía ver en ella y la realidad. Se sentía tan alejada de esa imagen que en realidad era una persona triste y sola.

Tras trabajar un poco con ella, comenzó a hacerse patente que Marsha buscaba algo que sustituyera la intimidad que había compartido con su marido, al que consideraba su mejor amigo. Como no lo había encontrado, por muchos amigos que tuviera, no iba a sentirse jamás tan querida como cuando estaba con su marido, ni iba a encontrar el afecto que creía que debería profesarle un amigo de verdad. Fue preciso realizar algunos ajustes para cambiar la percepción que tenía de sí misma como una farsante y para alinear su visión interna con la realidad.

El problema de los impostores populares es que confunden las invitaciones a actos sociales con caer bien a los demás.

Quieren caer bien, pero sienten que las invitaciones no son un indicador real de lo bien que caen. De hecho, algunos impostores populares tienen tantos amigos que parece que los coleccionan. No obstante, es difícil mantener una relación estrecha con tanta gente, y la mayoría de esas amistades serán amigos de fiesta, y no los amigos «de verdad» que el impostor popular realmente anhela. Por este motivo, se sienten solos o aislados, y declararán que su popularidad es ficticia y que no tienen amigos auténticos.

¿Cuántos amigos necesitamos?

Robin Dunbar, antropólogo evolutivo del Reino Unido, realizó un estudio sobre la cantidad de conocidos que tiene una persona media.[95] Concluyó que la cifra se situaba alrededor de las 150 personas. Por supuesto, hoy en día podemos tener 500 «amigos» en Facebook y 2.000 seguidores en Twitter, pero, según Dunbar, solo podemos interactuar en el marco de una relación de cualquier tipo con 150 personas. Y estas 150 personas ni siquiera son «amigos», sino simplemente gente que tiene algún tipo de implicación en nuestras vidas.

Imaginemos a estos 150 conocidos distribuidos en una serie de círculos concéntricos de modo que los que ocupan el centro son los amigos más íntimos y los más alejados son aquellos

---

95. Hartwell-Walker, M. (How many friends do you need? (¿Cuántos amigos necesitas?). *Psych Central*. https://psychcentral.com/lib/how-many-friends-do-you-need/

con los que tenemos menos contacto. De los 150 conocidos, solo unos 5 (o tal vez menos) deberían aparecer en nuestro círculo interior (Círculo 1). Estos son los amigos de verdad, aquellos con los que tenemos conversaciones íntimas, que nos apoyan y con quienes tenemos una conexión emocional profunda. Interactuamos mucho con estas personas, generalmente cara a cara, y compartimos con ellas nuestros problemas y preocupaciones.

El siguiente círculo (Círculo 2) podría contener a unas 15 personas, con las que interactuamos y tenemos cierta conexión, aunque no son los amigos íntimos del Círculo 1. Este grupo nos importa, pero no tanto como el círculo interior. Las relaciones con estas personas son afectuosas y en cierto modo recíprocas. Aunque no las veamos o hablemos con ellas a menudo, cuando nos encontramos con ellas parece que no haya pasado el tiempo.

El siguiente círculo (Círculo 3) contiene a unas 50 personas. Se trata de los conocidos, personas a las que conocemos, que vemos de vez en cuando, y con las que nos gusta interactuar, pero que no buscamos activamente y con las que no tenemos más relación que la casual.

Más allá, en el último círculo (Círculo 4), se encuentra el resto de las personas, unas 70, a las que conocemos y vemos ocasionalmente, pero con las que no tenemos ningún tipo de relación significativa. Si nos las encontramos por la calle las saludamos y podemos mantener una charla trivial con ellas, pero eso es todo.

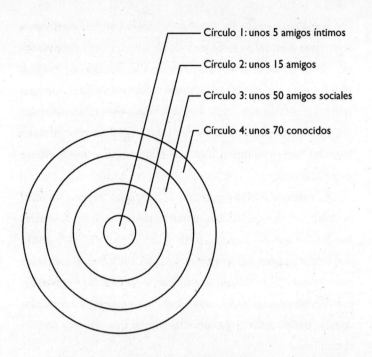

Círculo 1: unos 5 amigos íntimos

Círculo 2: unos 15 amigos

Círculo 3: unos 50 amigos sociales

Círculo 4: unos 70 conocidos

Arriba: ¿Cuántos amigos necesitamos?

Todas estas personas son importantes para nosotros. Necesitamos a nuestros amigos íntimos porque nos ofrecen apoyo y lazos emocionales que nos hacen sentir apreciados. Necesitamos a los dos círculos siguientes para gozar de una vida social divertida y para satisfacer nuestras necesidades de afiliación, dado que la mayoría de personas precisamos sentirnos parte de un grupo. Por último, necesitamos el círculo exterior porque nos gusta ser reconocidos y la tranquilidad de ver rostros familiares de vez en cuando.

El problema para los impostores populares es que les preocupa tanto demostrar su popularidad (quizás a ellos mismos) a través de invitaciones a actos sociales que alteran este delicado equilibrio y superpueblan los círculos exteriores. Pueden llegar a tener 100 amigos en el Círculo 3 además de los aproximadamente 70 del Círculo 4. Los círculos exteriores, que son los más visibles para los demás, están abarrotados para sentir que aparentan tener muchos amigos. Sin embargo, su círculo interior (Círculo 1) no es más grande de lo habitual, y esta discrepancia hace que sientan que son impostores. Consideran que deberían tener más amigos de verdad en su círculo interior.

Las redes sociales pueden tener un papel importante en el desarrollo de este tipo de impostura social. Se supone que portales como Facebook son plataformas sociales, pero en realidad son útiles para reunir a más personas a las que colocar en los círculos exteriores, y menos adecuados para cultivar amistades del Círculo 1, precisamente las que creemos que necesitamos para dejar de sentirnos farsantes.

El impostor de la vida ideal

La última categoría de impostor social que me gustaría explorar es la correspondiente a las personas con una vida que el resto del mundo considera ideal, aunque ellas sienten que su realidad es muy distinta. Las personas de este grupo parecen tenerlo todo: riqueza, una casa estupenda, muchos viajes exóticos al extranjero, hijos perfectos, montones de amigos, un trabajo satisfactorio (o una vida feliz en casa)... ¿Qué problema podrían tener?

El problema es que incluso la gente que parece tenerlo todo puede sentirse impostora si no se siente realizada, y cuanto más ideal y perfecta parece su vida vista desde el exterior, más falsa puede sentirse. De hecho, estos impostores suelen esforzarse mucho para mantener la fachada de estar viviendo una vida de ensueño, ya que consideran que no tienen ningún derecho a sentirse infelices. Cuando están acompañados se muestran sonrientes, alegres y animados para que nadie descubra su bochornoso secreto: que a pesar de todo lo que poseen, son profundamente infelices.

Cuando la desconexión entre la imagen pública y la imagen interior es muy marcada, la depresión puede hacer acto de presencia, lo cual solo ayuda a que los afectados se sientan peor. ¿Cómo pueden sentirse deprimidos si no tienen motivos para la depresión? ¿Cómo puede deprimirse alguien con una vida tan estupenda? Estas preguntas pueden agravar los sentimientos de los impostores, porque también sienten que son farsantes por sufrir problemas de salud mental: «Hay personas con problemas reales que no están bien mentalmente. Como yo no tengo ninguna preocupación, no puedo tener problemas mentales; soy un farsante».

Este tipo de depresión se ha denominado frecuentemente distimia (o, en ocasiones, «depresión con alta funcionalidad»), y es una alteración del estado de ánimo sin una causa obvia. Se estima que la sufre alrededor de un 3 por ciento de la población,[96] e incluso podría tener un origen genético. Puede ser de larga duración (en algunos casos, incluso de años) y provocar que quien la sufre se sienta inútil y desesperado, y piense que la vida no tiene sentido. Muchos afectados simplemente se acostumbran a sentirse así, por lo que sienten en todo momento que son

---

96. Coleman, N. You've got everything so why are you depressed? (Lo tienes todo, ¿por qué estás deprimido?). *The Daily Mail*. http://www.dailymail.co.uk/health/article-30500/Youve-got--depressed.html

farsantes que presentan al mundo una máscara que esconde la realidad.

ESTUDIO DE CASO

Jarid, de 42 años, estaba justo donde había planeado estar en esta etapa de su vida. Cuando era un adolescente, soñaba con ganar su primer millón antes de cumplir los 25, y ser el propietario de un Porsche y una gran casa con piscina en el campo antes de los 30. Tenía todo lo que había soñado, esposa, hijos, perro y una niñera. Estaba a punto de retirarse anticipadamente, al cumplir 45 años, exactamente como había planeado.

Sin embargo, últimamente su vida se había vuelto monótona. Insistía en que no estaba deprimido y alegaba que seguía funcionando bien, iba a trabajar a diario, cerraba nuevos tratos, ganaba contratos, encandilaba a sus clientes, etc. No obstante, se sentía desmotivado, como si hubiese llegado al final de su sueño y no supiera cómo continuarlo.

En realidad, cuando exploramos más a fondo, se percató de que lo que sentía no era desmotivación, porque solo se sentía aletargado e indiferente respecto a las emociones positivas que consideraba que deberían embargarlo. Esas emociones habían desaparecido, pero las negativas no lo habían abandonado y se sentía frustrado, decepcionado y desesperado. Además, estaba furioso consigo mismo por sentirse de ese modo. ¿Cómo se atrevía a no estar eufórico, si era un hombre que lo tenía todo? Se sentía un farsante; todo el mundo lo envidiaba y ni siquiera estaba disfrutando de su éxito.

¿Por qué se deprimen quienes tienen vidas perfectas?

Lo cierto es que las personas con éxito pueden ser más propensas a la depresión que las poco exitosas; el número de directores ejecutivos de empresas con depresión está por encima del doble de la población general, y los jóvenes ricos padecen más ansiedad y depresión que los jóvenes con ingresos medios o bajos.[97] Además, la depresión es más común en los países ricos que en los más pobres y menos industrializados. Así pues, está claro que el éxito y la riqueza podrían hacernos más propensos a la depresión, en lugar de protegernos de ella. Puede que los ricos parezcan tenerlo todo, pero muchos de ellos son impostores que viven con la verdad de su propia infelicidad oculta.

Una causa importante de esta tendencia podría ser la falta de propósito en sus vidas: las personas que lo tienen todo podrían ser más propensas a preguntarse qué sentido tiene todo que las que siguen aspirando a alcanzar la cumbre o simplemente a sobrevivir. Cuando tenemos sueños, estos se convierten en nuestro objetivo y nuestro motor, pero ¿qué ocurre una vez que los alcanzamos y la vida es «perfecta»? Todo el mundo necesita objetivos que den sentido a su vida, y las personas que han logrado el éxito material pueden llegar a sentir que no les queda ningún objetivo por cumplir; sus casas son perfectas, han alcanzado la cumbre de su profesión, van de vacaciones siempre que quieren (y tienen tiempo para ello) y sus hijos tienen un porvenir brillante. ¿Qué aspiraciones les quedan?

---

97. Walton, A. (2015). Why the super-successful get depressed (Por qué se deprimen los superexitosos). *Forbes*. https://www.forbes.com/sites/alicegwalton/2015/01/26/why-the-super-successful-get-depressed/#5b80d9653850

La búsqueda de sentido es universal entre los humanos. Como escribió Yogita Aggarwal, «los sentidos son el núcleo de nuestra experiencia y también el de todo aquello que hacemos. Los sentidos son lo único que nos permite hallar un sentido a nuestra existencia».[98] La mayoría no disponemos de mucho tiempo para reflexionar sobre el sentido de la vida o si nuestras vidas tienen un propósito; estamos demasiado ocupados tratando de alcanzar nuestras aspiraciones. Esos objetivos se convierten en nuestro propósito. Solo cuando logramos la «perfección» podemos detenernos y preguntarnos qué sentido tiene todo. También puede ocurrir si nuestros valores cambian y todo aquello a lo que aspirábamos pasa a carecer de sentido.

Según el superviviente del Holocausto y psicólogo Victor Frankl, el sentido tiene una serie de funciones importantes para todos nosotros.[99] Para empezar, da un propósito a nuestras vidas. Sin propósito, podemos sentirnos desorientados y desmotivados, lo que nos puede arrastrar a la tristeza y la distimia.

En segundo lugar, nos ofrece los valores o estándares necesarios para juzgarnos a nosotros mismos. Si nuestras vidas carecen de sentido, ¿cómo vamos a valorar si tenemos éxito o no? Aunque tengamos una casa y una vida perfectas, la vara con la que medimos nuestra satisfacción puede cambiar si también lo hace nuestra búsqueda de sentido.

98. Aggarwal, Y. The importance of meaning in life (La importancia del sentido en la vida). *All about psychology*. https://www.all-about-psychology.com/the-importance-of-meaning-in-life.html

99. Frankl, V. (1978). *The unheard cry for meaning*. Nueva York: Simon & Schuster.

En tercer lugar, el sentido nos aporta autoestima. Si sentimos que nuestras vidas carecen de sentido, nos sentiremos incómodos con quienes somos. Y muchas personas que «lo tienen todo» empiezan a preguntarse si en la vida hay algo más que la riqueza y el éxito. Si la respuesta es afirmativa, se percatan de que no han alcanzado el éxito que pensaban haber logrado.

El sentido en la vida tiene un significado distinto para cada persona, pero para muchos impostores de vida ideal, esta falta de sentido es la que provoca la disonancia entre sus vidas aparentemente inmejorables y el yo real que ocultan.

Nota sobre el impostor religioso

Mientras escribía este libro, conversé con una persona profundamente religiosa y espiritual que conozco. Me pareció francamente inspiradora y se lo dije. Su reacción al comentario fue empalidecer y estremecerse, antes de iniciar una larga explicación sobre los motivos por los que no era el modelo religioso por el que yo parecía tomarla. Evidentemente, se equivocaba. Simplemente, sufría una variante del SI que denomino impostura religiosa o espiritual.

Los impostores religiosos o espirituales son personas profundamente religiosas que incluso pueden ser líderes o modelos de comportamiento en su comunidad. Sin embargo, como a veces tienen dudas de su fe (¿quién no las tiene?) o sobre el pecado (de nuevo, ¿quién no las tiene?), las atormenta la idea de no ser tan religiosas ni espirituales como todo el mundo cree. Sufren el mismo tipo de preocupaciones y temores que el resto de los impostores, y al tratar de ocultarlos se sienten farsantes.

Consejos y estrategias

Además de los consejos y estrategias que apuntamos a continuación, revisa los de los capítulos anteriores para obtener más ayuda.

Para todos:

Ejercicio uno: Identifica tus buenas obras

Registra cualquier acto amable que lleves a cabo, por pequeño que sea, anotándolo en un diario de «buenas obras». Reflexiona sobre todas esas acciones y pregúntate si las valorarías, y la importancia que les darías, si las realizase otra persona. Lo más probable es que las valorases. Este ejercicio te ayudará a darte cuenta de que no eres un impostor, y que realmente estás haciendo buenas acciones.

Ejercicio dos: Valora a tus amigos de verdad

Escribe los nombres de las personas presentes en tus círculos de amistades con la ayuda del diagrama adjunto. Las personas del círculo central son aquellas en las que confías y con las que verdaderamente puedes hablar. Estas son las más importantes, y no el mayor número de conocidos que puede haber en los círculos exteriores.

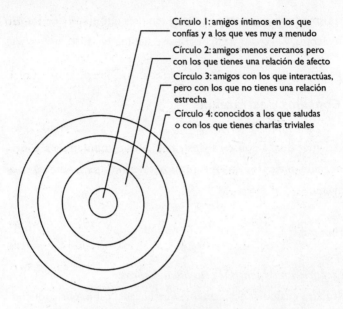

Círculo 1: amigos íntimos en los que confías y a los que ves muy a menudo

Círculo 2: amigos menos cercanos pero con los que tienes una relación de afecto

Círculo 3: amigos con los que interactúas, pero con los que no tienes una relación estrecha

Círculo 4: conocidos a los que saludas o con los que tienes charlas triviales

Arriba: Ejercicio dos.

Ejercicio tres: Gestiona las redes sociales

En varios puntos de este libro he explicado lo mucho que la publicación de entradas «perfectas» en las redes sociales pueden contribuir al SI. Parte de la solución a este problema pasa por el uso responsable de las redes sociales, y por dejar de comulgar con la cultura de la perfección siguiendo algunas reglas muy sencillas:

- Resiste la tentación de publicar en las redes los grandes momentos de tu vida, «perfectos» y editados. Cada vez que quieras publicar algo, pregúntate por qué lo haces. ¿Qué pretendes lograr con la publicación de esa entrada en concreto? ¿Por qué la estás publicando en realidad?

Contesta con franqueza. Si lo haces solo para impresionar a los demás, no la publiques.

- Publica fotos menos favorecedoras. Muestra más sinceridad en tu presencia en la red.

- Elimina o silencia a los amigos virtuales que usan las redes sociales para presumir de sus vidas «perfectas» y céntrate en las amistades que dejan que su vida más «fea» se asome a su perfil.

- Haz una auditoría regular de tus contactos en las redes sociales. Escoge seguir o ser amigo solamente de aquellas personas que realmente te aportan algo y no te hacen sentir inepto o inadecuado con sus constantes publicaciones perfectas.

Ejercicio cuatro: Elabora un diario de «comparaciones»

¿Cuántas veces al día te comparas personalmente o en términos generales con los demás? ¿Una vez al día? ¿Cinco veces? ¿Diez veces? Es posible que ni siquiera seas consciente de que lo haces. Elige una fecha para empezar y, esa mañana, márcate el objetivo de detectar cada vez que realices una comparación. Cada vez que te descubras haciendo una de estas comparaciones, anótala en un diario (véase a continuación). Esto te ayudará a ser más consciente de estos procesos menos conscientes, y también a identificar los desencadenantes de las comparaciones (es decir, cuándo es más probable que se produzcan).

Obviamente, no todas las comparaciones son perniciosas, porque, a veces, comparar nuestros progresos con los de los demás, o incluso compararnos con un modelo a seguir, puede ser útil para evaluar nuestra situación y asegurarnos de que vamos por buen camino. Por este motivo, el diario debería contener información suficiente para que puedas distinguir las comparaciones apropiadas de las inapropiadas. Las inapropiadas son aquellas que resultan obsesivas, cuando uno realiza comparaciones con personas inadecuadas (famosas, mucho más ricas, etc.), o simplemente cuando la comparación afecta claramente a nuestro bienestar. Si una comparación te hace sentir mal en lugar de inspirarte para actuar, seguramente se trata de una comparación de poca utilidad.

Fecha/ hora de la comparación	¿Con quién te comparaste?	Desencadenante de la comparación	Aspecto de tu vida que comparaste (dinero, aspecto, logros laborales, triunfos de sus hijos, etc.)	¿Cómo te sentiste?
Jueves a las 11.00	Andy, un viejo amigo.	Publicó una foto de sus vacaciones en Facebook.	Su éxito (que pudiera permitirse unas vacaciones tan lujosas), su aspecto (sigue estando fantástico) y su guapa mujer.	Incompetente. Yo no tengo tanto éxito ni soy tan atractivo, aunque tenemos la misma edad.

Cuando lleves un tiempo elaborando esta lista, deberías ser capaz de identificar tus desencadenantes y, o bien suprimirlos, o bien aprender a lidiar con ellos. (Lo segundo requiere más esfuerzo, pero, a la larga, probablemente es lo más sano). Puede que te resulte útil revisar tus «listas de afirmación» (véase Ejercicio uno) y apreciar las cosas buenas que tiene tu vida. Recuerda que solo ves los grandes momentos editados de la vida de otras personas, y que nadie sabe de veras cómo son las vidas de los demás. Es extremadamente probable que sus vidas no sean tan perfectas como parece. Cuanto más observes y repares en la realidad de las comparaciones y lo inútiles que son, menos comparaciones harás y mejor podrás gestionar tu SI.

6

El padre impostor: la presión para ser la madre o el padre perfecto

Una forma relativamente nueva de SI es el número creciente de madres y padres perfectamente competentes que sienten que, en realidad, son malos padres. Este capítulo explora el trasfondo de este fenómeno, incluidas las presiones que suponen la competencia entre padres, las clases extraescolares, las redes sociales y las expectativas sociales, así como consejos para combatirlo, antes de cerrar con algunas estrategias para gestionar los sentimientos de padres impostores.

La presión por ser el padre perfecto

Por un lado, vivimos en una época fantástica para tener hijos. La sociedad moderna está muy centrada en ellos, y nos ofrecen un amplio abanico de actividades y oportunidades de ocio. Sin embargo, también existe más presión por ser el padre perfecto. El 80 por ciento de las madres estadounidenses mileniales participantes en un estudio sostenían que es importante ser «la mamá perfecta» (en comparación con el 70 por ciento de las madres de la generación anterior, la generación X).[100] Otro estudio sugiere que la necesidad de atender a múltiples obligaciones, como por ejemplo tratar de que la familia lleve una alimentación sana o planear actividades que gusten a todo el mundo, es el motivo por el que el 75 por ciento de los padres de hoy en día declaran sentirse presionados para ser «perfectos».[101] Este dato supone que, potencialmente, muchos padres tratan de lograr una perfección que es sencillamente inalcanzable, por lo que se encuentran en riesgo de sufrir el SI, al pensar que no lo hacen bien pese a las numerosas pruebas que dan testimonio de su esfuerzo.

Esta presión para lograr lo que un investigador llama «perfeccionismo parental» probablemente comenzó a ganar fuerza alrededor de la época en la que un gran número de mujeres empezó a penetrar en el mercado laboral tras la Segunda Guerra Mundial. Las normas que regían la paternidad y la maternidad comenzaron a cambiar, especialmente para las madres, y se pasó de un escenario en el que los padres se conformaban con ser «buenos» y, aunque cubrían las necesidades básicas de sus hijos, dejaban a los niños a su aire, a un ideal de «maternidad intensiva»

100. Carter, C. (2016). Why so many Millennials experience imposter syndrome (Por qué tantos mileniales experimentan el síndrome de impostor). *Forbes*. https://www.forbes.com/sites/christinecarter/2016/11/01/why-so-many-millennials-experience-imposter-syndrome/#7546dc056aeb

101. SWNS (2017). Myth of the perfect parent is driving Americans nuts (El mito del padre perfecto está volviendo locos a los estadounidenses). *New York Post*. https://nypost.com/2017/09/08/myth-of-the-perfect-parent-is-driving-americans-nuts/

que sigue siendo la norma en la actualidad. Según explica la autora de New Parents Project, un estudio de larga duración de cerca de 200 parejas en las que ambos miembros tienen ingresos y que tuvieron su primer hijo entre los años 2008 y 2009, esta norma dicta que la paternidad y la maternidad deberían ser «tareas a tiempo completo, emocionalmente absorbentes y guiadas por asesores expertos».[102] Se trata de un estilo de crianza de los hijos relativamente nuevo llamado «cultivo concertado», que se centra en tratar de ofrecer a los hijos experiencias y actividades que les ayudarán a desarrollar por completo su potencial intelectual y sus habilidades sociales.

Puede que se trate de un intento de contrarrestar la desaparición de la principal cuidadora del entorno del niño, pero puede crear una presión enorme para los padres, que pueden fácilmente dejarse cautivar por la idea de que cualquier fallo por su parte a la hora de aportar experiencias enriquecedoras y educativas tendrá un impacto negativo en el futuro de sus hijos. Los medios de comunicación de masas y la publicidad bombardean a los nuevos padres con mensajes que los conminan a estimular a sus hijos si quieren que alcancen las altas cumbres a las que sin duda ellos creen que debe aspirar. Si no ofrecen un escenario adecuadamente enriquecedor a su cerebro en formación, habrán fallado a sus hijos y habrán fracasado como padres.

102. Schoppe-Sullivan, S. (2016). Worrying about being a perfect mother makes it harder to be a good parent (Preocuparse por ser una madre perfecta hace que la maternidad sea más difícil). *The Conversation*. http://theconversation.com/worrying-about-being-a-perfect-mother-makes-it-harder-to-be-a-goodparent-58690

LA DUQUESA DE CAMBRIDGE Y LA PRESIÓN PARA SER PERFECTA

En abril de 2018, la duquesa de Cambridge se presentó con un aspecto inmaculado a una sesión de fotos pocas horas después de dar a luz a su tercer hijo y se alzaron muchas voces que consideraban que hacía un flaco favor a las madres primerizas y que las presionaba todavía más para estar «perfectas» demasiado poco tiempo después de tener un bebé. Muchas madres acusaron a Kate de transmitir un «mensaje poco realista» al aparecer tan compuesta y perfecta, e incluso con unos glamurosos zapatos de tacón abiertos.[103]

Pese a todo, la propia duquesa había lamentado anteriormente «la presión para ser padres perfectos y simular que lo llevamos bien y que disfrutamos de cada minuto del proceso», palabras que suenan muy propias de un impostor.

Otro ejemplo de este fenómeno puede encontrarse en la famosa marca de jabón que puso un anuncio sobre la «madre perfecta» en la estación de Waterloo de Londres, antes de admitir que se trataba de una estratagema para poner de relieve el estrés que causaba el esfuerzo por ser una de ellas. La investigación que llevó a cabo la marca descubrió que nueve de cada diez madres se sienten presionadas para ser perfectas, y citan las representaciones idealizadas de la maternidad que aparecen

---

103. Mowat, L. (2018). "That's NOT inspiring!" Radio host slams Kate's immaculate look 7 HOURS after giving birth («¡Eso no es inspirador!» Una presentadora de radio critica la apariencia inmaculada de Kate a las 7 horas de dar a luz). *Daily Express*. https://www.express.co.uk/news/royal/951215/kate-middleton-royal-baby-photos-meshel-lauriekensington-palace-twitter

en las redes sociales y las revistas como fuentes de estrés claves.[104]

Esta presión para estimular a nuestros hijos comienza incluso antes del parto. Si buscas en Google «cómo estimular al bebé en el vientre», obtendrás más de 300.000 resultados, lo que sugiere que se trata de una corriente razonablemente extendida entre los nuevos padres que quieren dar una ventaja de salida a su progenie. Hasta no hace mucho, los consejos para el cuidado del niño nonato se limitaban a que la madre gestante respetara una dieta saludable y evitase el alcohol, las drogas y ciertos tipos de alimentos. Ahora, los futuros padres se ven presionados a poner música (preferiblemente a Beethoven) o incluso leer a su hijo nonato si quieren ser padres perfectos.

ESTUDIO DE CASO

Jackie, de 43 años, acudió a mi consulta porque estaba deprimida. Entre sus ideas y creencias depresivas se encontraba la sensación constante de no ser lo bastante buena madre. Tenía tres hijos y el mayor era todo un triunfador que había sido nombrado representante de su instituto y había obtenido unas notas excelentes que le habían permitido matricularse en la carrera de Medicina.

---

104. Lally, M. (2017). There's no such thing as he perfect mother – let's drop the guilt (La madre perfecta no existe. Dejémonos de culpas). *The Telegraph*. https://www.telegraph.co.uk/family/parenting/no-thing-perfect-mother-drop-guilt/

Sin embargo, su segundo hijo tenía problemas que no guardaban relación con la escuela, sino con la salud mental. La situación era tan grave que el muchacho había empezado a faltar a clase, iba con «malas compañías» y lo habían sorprendido alguna vez con cannabis. Jackie estaba muy preocupada por él, pero su preocupación iba más allá: estaba convencida de que debía de ser una madre espantosa por haber criado a un hijo con tantos problemas.

Esta sensación de ser incompetente se veía agravada por el hecho de que nadie conocía los problemas que estaba sufriendo su segundo hijo. No podía soportar la idea de contárselos a nadie, a pesar de que, por supuesto, todo el mundo conocía los éxitos de su hijo mayor (porque ella los había publicado en Facebook). «Me siento una auténtica impostora», me dijo. «Todo el mundo cree que soy la madre perfecta con una familia perfecta, pero no hay nada más lejos de la realidad».

Más adelante, cuando nace el bebé, la carrera por ser el padre perfecto sube una marcha. Se pide a los flamantes padres que elijan juguetes «estimulantes», y hay productos para bebés y niños pequeños con nombres comerciales como Baby Einstein, Baby IQ o BrightMinds, todos ellos aparentemente diseñados para estimular el cerebro en desarrollo. Lo que implica esta oferta es que, si no compras esos juguetes, tu hijo no alcanzará todo su potencial, y serás un fracaso como padre o madre.

Sin embargo, escoger los juguetes del bebé es una tarea desconcertante. ¿Cómo pueden saber los padres cuáles son los mejores? ¿Y si cometen un error? Como decía un artículo: «Ser padre es una tarea muy dura. De hecho, es el trabajo más duro de todos por su importancia capital. Soportamos una enorme presión (y presionamos a los demás) para hacer siempre las cosas bien».[105]

Además de comprar juguetes inspiradores, también se espera que los padres busquen clases especiales y programas de enriquecimiento para el bebé. En Manchester, la ciudad inglesa donde vivo, he contado más de cien clases de este tipo disponibles para los más pequeños (muchas de ellas desde el nacimiento). Si un padre no encuentra tiempo (y energía) para aprovechar todas estas oportunidades, no es de extrañar que pueda sentir que está fallando a su hijo.

ESTUDIO DE CASO

Chloe, de 29 años, es la madre de Jacob, un bebé de 18 meses. Esto es lo que explica: «Creo que es muy importante que nos aseguremos de que recibe los estímulos adecuados para el desarrollo de su cerebro. Ni se me pasa por la cabeza dejarlo inactivo todo el día, porque estos son los meses más valiosos para él, ahora que su cerebro se desarrolla tan deprisa. Quiero que cada minuto cuente. Tenemos una vida bastante ajetreada y quiero proporcionar a Jacob un abanico de experiencias diversas para estimular diferentes sentidos y zonas de su cerebro, y favorecer su desarrollo físico y social. Hacemos una actividad por la mañana y otra por la tarde todos los días de la semana, y los fines de semana visitamos granjas o museos y

105. Willis, O. (2016). Feeling like a fake – dealing with parent imposter syndrome (Sentirse farsante: cómo gestionar el síndrome del padre impostor). *The Independent*. https://www.independent.ie/life/family/mothers-babies/feeling-like-a-fake-dealing-with-parent-imposter-syndrome-34394121.html

también vamos a hacer la compra, que también intento convertir en una experiencia educativa para él. Además, Jacob tiene un montón de juguetes electrónicos educativos, como ordenadores de juguete, tabletas y juguetes musicales. Le cambio los juguetes a menudo para que no se canse de ellos, los guardo, y compro otro lote para que siempre tenga algo nuevo».

El problema es que, a pesar de este calendario agotador, a Chloe le preocupa que no sea suficiente. Le preocupa haber escogido las actividades equivocadas para su hijo porque hay demasiadas entre las que escoger. Le preocupa no haberle comprado los juguetes «adecuados». Incluso le preocupa que su decisión de quedarse en casa y ser madre a tiempo completo no sea lo mejor para él, porque ha leído incontables artículos sobre lo positiva que puede ser una guardería estimulante para el desarrollo del niño. Todos estos quebraderos de cabeza la agotan y nunca siente ni que esté haciendo las cosas bien ni que se esté esforzando lo suficiente.

Parte de esta presión se ve alimentada por lo que un autor denomina «carrera de mamás», que se produce cuando las madres (y también los padres) compiten para dar la mejor imagen posible de su hijo. Un estudio sobre el asunto demostró que el 64 por ciento de las madres creen que hoy en día la maternidad es más competitiva que nunca.[106] La competitividad nace de la inseguridad de los padres que necesitan obtener una validación

106. Steinmetz, K. (2015). Help! My parents are Millennials (¡Socorro! Mis padres son mileniales). *Time Magazine*. http://wp.lps.org/tnettle/files/2015/03/Help-My-Parents-are-Millennials.pdf

social para confirmar la validez de las elecciones y decisiones que han tomado para sus hijos.

El añadido de las redes sociales

Las redes sociales impulsan esta búsqueda de validación social, sobre todo en el caso de los padres mileniales, que están acostumbrados a documentar cada uno de sus éxitos y logros. Casi el 90 por ciento de los mileniales (véase la tabla siguiente) son usuarios de redes sociales, en comparación con el 76 por ciento de la generación anterior (Generación X) y el 59 por ciento de la que precedió a esta (la generación del baby boom).[107] El resultado de toda esta actividad en las redes sociales es que en Internet aparece publicada «una versión imposible de la vida inmaculada y triunfal de su familia».[108]

Etiquetas de las generaciones	
Baby boom	Abuelos de la generación Z, nacidos justo después de la II Guerra Mundial (entre 1945 y 1964).
Generación X	Actuales padres de jóvenes adultos o adolescentes. Nacidos entre 1965 y 1981.
Mileniales	Jóvenes adultos actuales, nacidos entre 1981 y 1996.
Generación Z	Actuales adolescentes, nacidos entre 1997 y 2007.
Generación Alfa	Hijos de los mileniales, nacidos a partir de 2010.

---

107. Willis, *op. cit.*

108. Steinmetz, *op. cit.*

Los padres siempre han presumido de sus hijos; no es ninguna novedad. Sin embargo, las redes sociales permiten un grado de pavoneo que va mucho más allá de lo que han tenido que soportar las generaciones anteriores. En el pasado, si una generación quería presumir de lo que habían hecho sus hijos, tenían que hacerse con la atención de una persona durante unos minutos y tal vez sacarse una foto de la cartera. Cuando se acababa la conversación, el motivo del fanfarroneo quedaba olvidado y relegado a las profundidades fangosas de la memoria.

Hoy en día es mucho más fácil presumir, y también es algo más permanente. No hace falta llevar encima una foto arrugada. Podemos llevar mil fotografías en el teléfono y castigar con ellas a todos nuestros «amigos» y seguidores. Según reveló un estudio, el 46 por ciento de los padres mileniales habían publicado alguna foto de su hijo cuando todavía estaba en el vientre de su madre o antes de cumplir un día de vida, en comparación con tan solo el 10 por ciento de los padres de la generación X.[109] Ya no es necesario confiar en las fotografías de baja calidad previas a la llegada de la tecnología digital y, como explicaba un artículo, «ser padre hoy en día se centra principalmente en los triunfos y éxitos que podemos mostrar a los demás, y se nos juzga como padres en función de este tipo de resultados».[110]

Por supuesto, la vida real no tiene filtros, y tanto el emisor como el receptor de estas imágenes y publicaciones de familia per-

---

109. *Ibid.*

110. Degwitz, M. (2017). How to resist the lure of competitive parenting (Cómo resistir la tentación de una crianza competitiva). *Aleteia.* https://aleteia. org/2017/11/09/how-to-resist-the-lure-of-competitive-parenting/

fecta pueden ser víctimas del SI; el emisor debido al desajuste entre la perfección que muestran en la pantalla y su realidad, y el receptor a causa del desajuste entre la perfección en la pantalla de todos los demás y su propia realidad. Las investigaciones demuestran que los padres muestran menos confianza en sus capacidades como progenitores cuanto más preocupados están por lo que piensen los demás de la forma en la que crían a sus hijos, y que los usuarios más asiduos de Facebook declaraban sufrir niveles más elevados de estrés provocado por la paternidad.[111]

Los padres inseguros de hoy en día

¿Por qué los padres actuales son prisioneros de la trampa de las comparaciones a través de las redes sociales? En mi opinión, publican sin parar entradas debido a sus propias inseguridades como padres. Los atormentan las dudas y necesitan un refuerzo que les diga que lo están haciendo bien, un refuerzo que se mide en comentarios y «me gusta». Esta necesidad de obtener una validación social parece haber aumentado en cada generación, pero no está claro si se debe a que existen herramientas que antes no existían o a que los padres de hoy en día son más inseguros.

Sin duda, la crianza de los hijos es distinta para los padres de hoy en día. Para empezar, la gente crea una familia más tarde que en las generaciones anteriores. La edad media de una madre primeriza en el Reino Unido se sitúa actualmente en un

---

111. Schoppe-Sullivan, *op. cit.*

pico histórico de 29,8 años, en comparación con los 21 de 1970.[112] Este dato podría indicar que las mujeres tienen mayores expectativas respecto a la maternidad, sobre todo si han logrado tener éxito en otras áreas de su vida, como el trabajo. Puede que esperen que esforzarse tanto en la educación de sus hijos como lo han hecho en su carrera vaya a obtener los mismos buenos resultados, solo para acabar decepcionadas con la realidad, en la que el «éxito» puede parecer más difícil de conseguir.

Además, los estilos de crianza de los hijos de hoy en día están mucho más centrados en reforzar la resistencia psicológica que en la mera supervivencia. Antiguamente, los padres no se preocupaban de fortalecer la autoestima o la confianza de sus hijos, y tampoco sentían la necesidad de demostrar constantemente su amor incondicional como podría hacerlo un padre actual.[113] Valorar estos conceptos menos tangibles es una tarea complicada. ¿Cómo pueden saber los padres que lo están haciendo bien? Las anteriores generaciones de padres sabían que, si sus hijos estaban vivos y prosperaban, lo habían hecho bien, pero la vara de medir actual tiene muchas más marcas.

112. Bingham, J. (2013). Average age of women giving birth is now nearly 30 (La edad media de las mujeres que dan a luz es ahora de casi 30 años). *The Telegraph*. https://www.telegraph.co.uk/women/mother-tongue/10380260/Average-age-of-women-giving-birth-now-nearly-30.html

113. Harris, J. Parenting styles have changed but children have not (Los estilos de crianza han cambiado, pero los niños no). *Edge*. https://www.edge.org/response-detail/11859

Jessica es una exitosa jefa de recursos humanos que ha trabajado duro para ascender al puesto que ocupa actualmente. Planeó su embarazo para que coincidiese con la mejor época para tomarse unos meses libres (el verano) y había esperado a gozar de una cierta seguridad económica y laboral, que había alcanzado a los 30 años. Había planeado el parto hasta el último detalle y había leído todos los libros y revistas sobre maternidad que había podido encontrar. Aplicó el mismo rigor a la planificación de la maternidad que ponía en práctica en su vida laboral, y confiaba en que, llegado el momento, sabría lo que estaba haciendo.

Los problemas empezaron cuando los planes que había hecho para el parto se torcieron y el parto en agua que deseaba se convirtió en una cesárea de urgencia. Más tarde, le costó formar un vínculo con su bebé, que no quería alimentarse y rara vez dormía más de dos horas seguidas. Era agotador, pero lo peor era que Jessica creía que era culpa suya, y estaba convencida de que no estaba hecha para ser madre. A su entender, lo estaba haciendo tan mal que pensaba que debería volver al trabajo, donde se sentía mucho más confiada y sosegada. Su marido y ella contrataron a una niñera y Jessica volvió al trabajo tras solo 16 semanas de baja, aunque pronto se sintió culpable por haber abandonado a su hijo. Hiciera lo que hiciera, tenía la impresión de equivocarse.

La generación actual de padres también enfatiza menos la disciplina y más las muestras de afecto. Los padres actuales parecen preferir ser «amigos» de sus hijos, compartir cosas con ellos y asesorarlos, en lugar de «jefes» que utilizan técnicas de control. Desean que sus hijos estén sujetos a menos reglas y normativas,[114] pero esta orientación podría volverlos más inseguros respecto al camino que deben tomar. De este modo, mientras los padres de la generación X habrían insistido para que sus hijos se comiesen la verdura bajo amenaza de no comer helado de postre, el padre milenial es más propenso a persuadir a su hijo reticente mediante la negociación («¿Quieres probar un poco de brócoli? ¡Es muy bueno para tu salud!»). La negociación puede ser más igualitaria, pero deja a los niños la opción de decir que no. Si el niño realmente quiere comer postre, el soborno de toda la vida suele ser mucho más persuasivo. La situación deja al padre milenial desconcertado y confundido respecto al motivo por el que las técnicas educativas que todo el mundo aconseja no parecen funcionar. ¿Acaso está siendo un mal padre?

También tienden menos a formar parte de la familia ampliada y la comunidad, una afiliación que caracterizaba a los padres de las generaciones pasadas, lo que los priva de asesoramiento por parte de personas con experiencia y de validación. Hace un par de generaciones, el asesoramiento al alcance de los padres consistía básicamente en imitar lo que habían hecho las generaciones anteriores. Y los amigos, los vecinos y cualquier persona a la que uno preguntase expresaban generalmente la misma opinión o una similar. Hoy, Internet nos permite buscar consejos en todos los rincones del mundo, pero es menos probable

114. https://www.thecut.com/2016/06/is-it-really-possible-for-parents-to-be-friends-with-their-kids.html

que estemos geográficamente cerca de nuestros familiares para obtener consejos basados en la experiencia.

Por supuesto que Internet es una gran fuente de información para los padres, pero esta herramienta puede causar más inseguridad en lugar de aliviarla. Hay tanta información en la Red y se ofrecen tantos consejos que los padres pueden acabar sintiéndose más perdidos que nunca. Antiguamente, podíamos encontrar opiniones opuestas sostenidas por una o dos personas, pero hoy en día hay multitud de perspectivas sobre cualquier tema. El exceso de asesoramiento no siempre resulta útil, ya que puede hacer que nos sintamos más confundidos, angustiados e inseguros que nunca. Toda esta información hace que una madre se lamente: «Me acoso, me vigilo y me condeno constantemente para no cometer errores».[115]

El problema es que los padres actuales parecen desconocer las normas, e incluso si existen tales normas. Las normas que regían la paternidad en la época victoriana, basadas en los actos y no en las palabras, estaban muy claras, como también lo estaban con anterioridad. Todo el mundo sabía qué hacer con sus hijos y cómo debía tratarlos. Hoy en día todo vale, pero esta libertad puede dejar a los padres desorientados y confundidos. Un estudio determinó que los padres estadounidenses se recriminan de media 23 veces a la semana por haber tomado decisiones respecto a sus hijos que no creían del todo acertadas, y la cuarta parte reconsideraba sus decisiones habitualmente.[116] Como le ocurre al resto de tipos de impostores que hemos analizado,

115. Steinmetz, *op. cit.*
116. SWNS, *op. cit.*

muchos padres razonan que, si tienen que preguntar qué deben hacer o pedir consejo, han fracasado como padres.

Olivia Willis, fundadora de la página web irlandesa sobre la crianza de los hijos www.familyfriendlyhq.ie, comentó recientemente en el *Irish Independent* que, sin unas normas básicas y pautas claras, la inseguridad puede abrumar a los padres impostores. En su opinión, la situación puede conducir a que los padres sientan a escondidas «vergüenza por la farsa que interpretan», y duden de su competencia «al creer que cualquier éxito que hayan experimentado como padres ha sido fruto de un accidente».[117]

Otro factor clave que puede provocar la inseguridad de los padres (y, por lo tanto, hacerlos vulnerables al SI) es el hecho de que criar a un hijo no es un trabajo en el que los resultados sean obvios de forma inmediata. Al fin y al cabo, ¿cuál es el objetivo de ser un buen padre? No se trata de tener hijos que lleven los calcetines emparejados y coman hummus casero mientras ganan concursos de oratoria en verso, ¿verdad? Entre las minucias de la vida cotidiana, los «concursos de madres» y la presión para ser perfectos, es fácil perder la perspectiva y olvidar el auténtico objetivo de ser padres, que sin duda consiste en criar a futuros adultos equilibrados, autosuficientes y exitosos (independientemente de lo que signifique esto último).

El problema es que se trata de un objetivo a largo plazo y a los humanos se nos da fatal esperar 18 años (o más) para comprobar que hemos hecho un buen trabajo. Como dijo una madre de acogida experimentada: «Al final, lo que realmente cuenta es

---

117. Willis, *op. cit.*

el resultado a largo plazo y no lo conoceremos hasta dentro de décadas».[118] Por ese motivo, buscamos detalles para demostrarnos que vamos por buen camino en la producción de esos adultos magníficos con los que soñamos, y esos detalles enseguida se sobredimensionan. De pronto, nuestra competencia como padres depende de nuestra habilidad para hacer trenzas perfectas, o para crear un cohete autopropulsado con rollos de papel higiénico para una tarea escolar que será la envidia de los demás padres. Lo peor es que proyectamos esa inseguridad en nuestros hijos, de modo que nuestro éxito como padres pasa a depender de su éxito como hijos. Si no consiguen logros suficientemente llamativos, sentimos que hemos fracasado. Y si hemos fracasado, es que no somos lo bastante buenos. Como a pesar de lo mucho que nos hemos esforzado no somos lo bastante buenos, nos sentimos unos farsantes, e incluso la experimentada madre de acogida Emily McCombs admite que «hay días en los que me siento una impostora».[119] ¡Bienvenido, síndrome del impostor!

Incluso cuando tenemos éxito, desestimamos nuestros pequeños triunfos como intrascendentes o producto de la suerte, y no de nuestras habilidades. En palabras de Olivia Willis: «Por más que se hayan preparado y por más planes que hayan elaborado y seguido al pie de la letra, siempre creen que lo podrían haber hecho mejor, o que han tenido un golpe de suerte».[120] Da

118. McCombs, E. (2017). I think I have imposter syndrome but for parents (Creo que tengo el síndrome de impostor pero para los padres). *Huffington Post*. https://www.huffingtonpost.co.uk/entry/i-think-i-have-impostersyndrome-but-for-parents_us_58dbcadbe4b0cb23e65d4f38?guccounter=1

119. *Ibid.*

120. Willis, *op. cit.*

igual que hayan conseguido enseñar a su hijo a pedir el orinal a los ocho meses, o que todo el mundo alabe el buen comportamiento de su hijo. Pese a todo, no logran creerse que son buenos padres. Como se leía en un artículo, los padres de hoy en día «pueden literalmente volverse locos por todo lo que hacen por sus bebés, y todavía sienten que no es suficiente».[121]

La educación de invernadero, las «madres tigre» y el síndrome del impostor

Cuando los niños tienen la edad de ir a la escuela, la presión que sienten los padres para estimular y educar constantemente a sus hijos va mucho más allá de escoger una escuela adecuada para ellos. A menudo, los padres también se sienten presionados para llenar todas las horas de vigilia de su hijo con actividades extraescolares enriquecedoras, para dar a su hijo cierta «ventaja» en un mundo cada vez más competitivo. Una investigación realizada en 2014 descubrió que los alumnos de escuela primaria en Londres asisten a una media de 3,2 actividades extraescolares a la semana.[122] Por lo tanto, algunos niños superan la media de actividades, de lo que se deduce que una proporción notable de niños de menos de 11 años, que podría llegar a la mitad, realizan actividades extraescolares todos los días.

---

121. Parenting shifts in the last century (Cambios en la crianza de los hijos en el último siglo). Blog *A mother far from home*. https://amotherfarfromhome.com/howhasparentingchangedinthelastcentury/

122. Edgar, J. (2014). Give your child time to be bored, pushy parents are urged (Instar a los padres más avasalladores que les den tiempo a sus hijos para que se aburran). *The Telegraph*. https://www.telegraph.co.uk/education/educationnews/10556523/Give-your-child-time-to-be-bored-pushy-parents-are-urged.html

Esta situación ha llevado a la descripción de un estilo educativo llamado «educación de invernadero», una forma controvertida de criar a los hijos que propone exponer a los niños a una agenda intensiva de actividades extraescolares y extracurriculares para estimular su mente. Se ha comparado a la agricultura de invernadero, que consiste en establecer las condiciones ideales para que la cosecha crezca más rápidamente. La educación de invernadero se ha relacionado con el concepto de la madre tigre, basado en *Madre tigre, hijos leones: Una forma diferente de educar a las fieras de la casa* (*Battle Hymn of the Tiger Mother*), un libro de Amy Chua publicado en 2011. En el libro, la madre china parece defender principios de la educación de invernadero muy estrictos, como obligar a sus hijas a ensayar con sus instrumentos musicales durante horas todos los días. Aunque el libro despertó acalorados debates sobre la educación de los hijos, la educación de invernadero y la comparación del estilo de educación chino y el occidental, también fue el germen de una reflexión general sobre el grado en el que los padres deberían promover que sus hijos acudan a actividades extraescolares.

El problema de la educación de invernadero y de la forma de crianza que propone Amy Chua es la presión a la que somete a los padres para que hagan lo mismo y el ideal imposible que establece. Probablemente no ayuda que los niños cada vez hagan más exámenes de matemáticas, lectura y ortografía. La escolarización extrema de los hijos ofrece a los padres más formas para valorar y comparar a sus hijos (y, por extensión, a sí mismos como padres).

La profecía autocumplida

La ironía de los padres impostores es que su falta de confianza en sus propias capacidades los hace más propensos a arrojar la toalla y, por lo tanto, a convertirse en peores padres que quienes confían más en sí mismos.[123] Los padres que creen que fracasarán seguramente renunciarán a enseñar más pronto a su hijo a pedir el orinal, y tampoco tratarán de enseñarle a ir en bicicleta. También es más probable que cedan parte de sus responsabilidades como padres a terceros que consideren más «expertos», como niñeras u otros profesionales de la puericultura. Tal vez este sea el motivo por el que un estudio realizado en el Reino Unido en 2016 sugería que se ha producido un «enorme aumento» en el número de niños que empiezan el colegio a jornada completa sin saber ir al baño solos.[124] En Estados Unidos, la cesión de responsabilidades paternas, como enseñar a los niños a ir en bicicleta, enseñarles modales o llevarlos a terapia para aumentar su autoestima, es más popular que nunca. Puede que la tendencia se deba a que los padres están más ocupados, pero también podría estar causada por la inseguridad de los padres, que creen que no lo podrán hacer tan bien como los expertos.

123. Schoppe-Sullivan, *op. cit.*

124. Bulman, M. (2016). Huge increase in the number of primary school children not potty trained (Enorme aumento en el número de niños en primaria a los que no han enseñado a ir al baño). *The Independent.* https://www.independent.co.uk/news/uk/home-news/children-potty-trained-nappies-toilet-huge-primary-school-parents-a7224976.html

Consejos y estrategias para los padres impostores

Además de los consejos y estrategias que proponemos a continuación, revisa los que presentamos en capítulos anteriores para obtener más ayuda.

1. Acepta que el padre perfecto no existe. Esta aceptación supone comprender e interiorizar el hecho de que cometerás errores y en ocasiones harás las cosas mal. Como ejercicio, piensa en algunos errores que creas haber cometido con tus hijos. ¿Qué dirías a un amigo si te «confesase» haber cometido esos mismos errores?

Errores que he cometido	Qué le diría a un amigo
No debería haber permitido que mis hijos se acostumbrasen a pasar tanto tiempo con sus aparatos electrónicos al salir de clase.	Es algo que hacen todos los padres. Cuando estás agotado por el trabajo y tienes que hacer la cena, cuesta oponerse a sus exigencias. Pero, si quieres, puedes cambiar las cosas. No es demasiado tarde.

2. No juzgues tu valía como padre basándote en detalles; no depende de tu capacidad para hornear bollitos perfectos, recordar el bañador de tu hijo o elaborar el mejor disfraz.

3. Recuerda también que los éxitos (o fracasos) de tus hijos no son un reflejo de tu habilidad como padre. Son individuos, igual que tú.

4. Elimina de tu lista de amigos o deja de seguir a las personas que publican bravuconadas de «padre perfecto» y resiste la tentación de hacer lo mismo con tus propios hijos. Puede ser útil redactar una lista de padres cuyas publicaciones te hacen sentir mal. Observa la frecuencia con la que publican y el contenido de sus entradas. Si pasadas unas semanas te das cuenta de que no aportan nada positivo a tu vida, elimínalos de tus amigos (o ajusta la configuración para no ver sus entradas).

5. Aunque crear una imagen perfecta sea muy tentador, publica fotografías imperfectas y sin filtros en Facebook.

6. Limita las fuentes a la hora de asesorarte sobre la educación de tus hijos. Generalmente, bastará con los consejos de tus mejores amigos y tus familiares (y los médicos, si procede).

7. No intentes hacerte amigo de tu hijo: tu papel es el de padre y mentor. Eso supone marcar unas reglas por su bien y el de tu familia, aunque no vayan a ganar un concurso de popularidad.

8. Confía en tu instinto a la hora de tomar decisiones relativas a tus hijos.

7

El adolescente/estudiante impostor: el efecto de la presión académica y social

Cada vez veo más jóvenes que padecen SI; no solo en la consulta, sino también en la universidad en la que trabajo. Además, las inseguridades académicas no son las únicas que avivan el SI en este grupo, también lo hacen aquellas relativas a la apariencia, las habilidades organizativas o la popularidad. En este capítulo analizaremos este creciente fenómeno de cerca y ofreceremos estrategias de ayuda no solo para los jóvenes, sino también para los padres preocupados por sus hijos.

Presión académica

Siempre ha existido la presión de obtener éxitos académicos y probablemente sea incorrecto afirmar que la generación de jóvenes actual es la única que percibe sus efectos. Sin embargo, sí parece que los jóvenes se sienten más presionados hoy en día. Los colegios forman parte de una cultura examinadora, como las pruebas estandarizadas (los *Standardised Assessment Tests*) que, en el Reino Unido, realizan estudiantes de siete y once años. La mayoría de los centros también imponen pruebas internas al menos una vez al año, a las que hay que sumar los exámenes externos que se llevan a cabo en multitud de ocasiones a lo largo de la vida académica de los jóvenes. Son muchas las evaluaciones a las que se los somete y, por tanto, muchas oportunidades de que sientan estrés, miedo al fracaso y, en última instancia, acaben fracasando.

ESTUDIO DE CASO

Amy se presentó en mi consulta con ansiedad ante los exámenes. Era una chica de 17 años que parecía tenerlo todo: belleza, inteligencia y popularidad. Hasta los 16 años, había aprobado todos sus exámenes con nota sobresaliente y había tenido una vida social frenética. No obstante, tenía la autoestima por los suelos y pronto se hizo evidente que estaba sufriendo un típico caso de síndrome del impostor. Sentía que había tenido suerte al obtener esos resultados: «los exámenes no habían sido tan difíciles». Las expectativas de los demás la agobiaban; todos pensaban que era inteligente por sus resultados anteriores, pero ella temía que los exámenes de la universidad mostrasen a la Amy *de verdad*. Estos exámenes avanzados eran tan difíciles, aseguraba, que pronto se descubriría la verdad, es decir, que no era tan inteligente.

Según un artículo del periódico británico *The Guardian* en 2017, el 82 por ciento de los colegios de educación primaria del

Reino Unido habían informado de un incremento en los problemas relativos a la salud mental de los estudiantes al acercarse el período de las pruebas estandarizadas. Además, los casos de estrés, ansiedad y ataques de pánico habían aumentado en más del 78 por ciento en los centros de enseñanza primaria durante los dos años anteriores y el 76 por ciento de los centros afirmaba que los estudiantes temían el fracaso escolar.[125] La importancia de las pruebas estandarizadas está latente en las exigencias que algunos colegios han dirigido a los estudiantes que se ponen enfermos durante la época de exámenes; incluso se han mandado cartas a los padres para insistirles en que sus hijos deben presentarse a las pruebas estandarizadas aunque no se encuentren bien.[126] Recuerdo la experiencia de mi hija de once años, que era buena estudiante pero que no se encontraba bien cuando debía estar en el colegio realizando los exámenes. De hecho, estábamos en el hospital cuando me llamaron del colegio; su única preocupación era cuándo podría realizarlos.

Por supuesto, la presión en sí no desemboca necesariamente en un SI; recordemos que el SI es la inseguridad que sienten las personas que tienen éxito, no las que no lo tienen. La cuestión es

125. Weale, S. (2017). More primary school children suffering from stress from SATS survey finds (Un estudio descubre que hay más casos de niños de primaria que sufren estrés debido a las pruebas estandarizadas). *The Guardian.* https://www.theguardian.com/education/2017/may/01/sats-primary-school-children-suffering-stress-exam-time

126. Busby, E. (2018). Parents told that sick children must sit all Sats exams as calls for boycott grow (Los padres llaman a la huelga después de que sus hijos estén obligados a presentarse a todas las pruebas estandarizadas). *The Independent.* https://www.independent.co.uk/news/education/education-news/sats-primary-school-exams-parents-ill-boycott-children-mental-health-a8333296.html

que son los jóvenes que tienen mayor nivel los que presentan un riesgo mayor de sufrir SI —puesto que los estudiantes menos exitosos suelen tener un punto de vista más realista de sus capacidades— y esto se ve agravado por la presión de mantener unas buenas notas.

El otro problema de los exámenes en edades tan tempranas es que fijan expectativas que podrían no llegar a cumplirse cuando el niño crezca. Los niños maduran a ritmos diferentes y es perfectamente posible que un estudiante que haya aprobado con notas sobresalientes sus exámenes de joven no sea capaz de satisfacer una expectativa tan prodigiosa en el futuro; les puede ir bien, pero tal vez no mantengan esas notas y, por tanto, se sentirán fracasados durante toda su trayectoria escolar.

ESTUDIO DE CASO

Zara tiene 14 años y se presentó en mi consulta aquejada de depresión. Me contó que antes era buena en todo pero que recientemente había empezado a flojear. Sentía que al principio era una estudiante exitosa; siempre había sido la mejor en lengua y matemáticas, muy buena en los deportes, había ganado premios, etc. Todos veían que tenía un nivel muy alto y que llegaría lejos. Sin embargo, se sentía una impostora, pues, a medida que avanzaba en el instituto, la realidad era distinta. Las cosas le iban bien, pero ya no era la estudiante modelo de su niñez. Su instituto era mucho más grande y tenía cuatro veces el número de alumnos en cada curso, así que debía competir con muchos otros alumnos inteligentes.

Ahora se sentía presionada por sus amigos y por su familia, que consideraban que su éxito era asombroso. Pensaba que era una farsante y creía que había conseguido ese éxito temprano de manera fraudulenta: había destacado tanto únicamente porque eran pocos en clase y ella era la mayor, por lo que tenía ventaja. Cuando indagué un poco más, me quedó claro que Zara todavía era muy buena estudiante; simplemente no era la flor y nata que había sido en el colegio.

- -

Los estudiantes modelo no solo se sienten presionados por los exámenes. La presión de ser admitido en el centro de estudios deseado lleva a lo que uno de los directores denominó una «atmósfera de olla a presión».[127] Contratar un profesor particular para niños de ocho años es muy frecuente hoy en día, ya que los padres intentan que sus hijos entren en los mejores centros. Esta práctica de los profesores particulares es un factor fundamental que contribuye al desarrollo del SI: si un niño asiste a clases particulares con el fin de entrar en un instituto prestigioso, ¿qué hará una vez lo haya conseguido, sabiendo que está ahí simplemente porque lo han instruido a conciencia? De hecho, es probable que siga necesitando la ayuda de un profesor particular para mantener el nivel. Estas condiciones son propicias para que los estudiantes se consideren menos aptos que sus compañeros o infravaloren su éxito académico por deberse meramente a las

127. Heywood, J. (2017). Pressure on children to get into top schools has reached crisis point (La presión de los estudiantes por entrar en centros de élite ha alcanzado un punto crítico). *The Telegraph*. https://www.telegraph.co.uk/education/educationopinion/11684535/Pressure-on-children-to-get-into-top-schools-has-reached-a-crisis-point.html

clases particulares. Así pues, los niños se pasarán la vida demostrando su valía, condiciones fundamentales para el desarrollo del síndrome del impostor.

Todo esto puede desembocar en un SI en los jóvenes caracterizado por la incapacidad de admitir su propio éxito, una búsqueda del perfeccionismo y el miedo a quedar en evidencia. Citando a un director de un colegio del Reino Unido: «algunos adolescentes seguirán exigiéndose más sin admitir nunca que ya han hecho suficiente».[128]

EL FIN DE LA PEQUEÑA «DOÑA PERFECTA»

El Instituto Oxford para Mujeres (del inglés *Oxford High School for Girls*), un colegio elitista del Reino Unido donde un tercio de las estudiantes entran posteriormente en las universidades de Oxford o Cambridge, declaró en 2014 que se proponían acabar con el perfeccionismo entre las alumnas debido a la presión extrema a la que son sometidas, perjudicial para su salud. El centró ideó una estrategia llamada «El fin de la pequeña "Doña Perfecta"», que prepara a sus estudiantes ante el fracaso para que así aprendan a no ser perfectas. Las alumnas se presentan a exámenes cada vez más complicados que en algún momento les será imposible aprobar. Así pues, aprenden el valor del fracaso y los errores, es decir, adquieren una lección vital sobre cómo afrontar las situaciones en las

128. Lambert, V. (2014). The truth behind the death of Little Miss Perfect (La verdad tras el fin de la pequeña Doña Perfecta). *The Telegraph*. https://www.telegraph.co.uk/women/womens-health/11016817/The-truth-behind-the-death-of-Little-Miss-Perfect.html

que las cosas no van bien (que en su caso es no conseguir los mejores resultados) que puede ser beneficiosa en su vida posterior.[129] El colegio asegura que esto es el antídoto para la cultura perfeccionista en la que se ven envueltas las alumnas y, probablemente, sea también un buen remedio para el SI.

La práctica creciente de los exámenes no es el único factor responsable del aumento de los SI, sino también el cambio en cómo vemos estas pruebas. Al fin y al cabo, las generaciones anteriores también las realizamos. No obstante, aquellos exámenes no parecían tener la misma importancia; la generación de padres actual parece más exigente y competitiva que antes (como comentamos en el capítulo anterior), lo que supone una carga para sus hijos. Muchos padres hablan de la presión que sus hijos se ponen a sí mismos como si no tuviese nada que ver con ellos, pero la presión interna tiene a menudo un detonante externo y el orgullo que sienten los padres por sus hijos hoy en día puede ser responsable parcial de la nueva tendencia de pensar que son impostores.[130] Este fenómeno se refiere a la inclinación que tienen los padres a basar su propia valía en los logros de sus hijos y, por tanto, presionarlos (ya sea de forma directa o indirecta). Los padres están mucho más presentes en la vida de

129. *Ibid.*

130. Simmons, R. Perfectionism in teens is rampant – and we are not helping (El perfeccionismo es generalizado en los adolescentes y nosotros no ayudamos). *Washington Post.* https://www.washingtonpost.com/news/parenting/wp/2018/01/25/lets-stop-telling-stressed-out-kids-theyre-putting-too-much-pressure-on-themselves-its-making-things-worse/

sus hijos que antes, aunque principalmente con respecto a los éxitos intelectuales más que al ocio: el auge del llamado «padre helicóptero» implica la presencia de los padres alrededor de sus hijos cuando están haciendo los deberes o en sus actividades extraescolares o de ocio educativo. Entre 1986 y 2006, se dobló el número de estudiantes que aseguraban que sus padres los supervisaban.[131] Está claro que las mejoras tecnológicas (especialmente las de telefonía móvil) permiten la supervisión de nuestros hijos. Sin embargo, existe la tentación no solo de comprobar su seguridad sino también de involucrarse en el tipo de actividades que sus padres aprueban y, por tanto, les enorgullecen.

Esta inversión y supervisión desmedidas crea unas expectativas altas para los niños y, al mismo tiempo, reduce la importancia de los éxitos (que puede desestimarse con la creencia de que «me ayudó mi madre»). En un estudio reciente publicado en la revista *Psychological Bulletin* los investigadores analizaron cómo los cambios culturales de los últimos treinta años han moldeado las personalidades de 40.000 estudiantes de instituto en Estados Unidos, Canadá y Gran Bretaña. Encontraron un pico del 33 por ciento en el tipo de perfeccionismo en el que los adolescentes deben ser perfectos para ganarse la aprobación de otros, ya sean amigos, seguidores en las redes sociales o padres. Para analizar este perfeccionismo se consideraron las expectativas puestas en sí mismos (a raíz de la creencia de que los demás tenían expectativas puestas en ellos) y las expectativas puestas en los demás.[132]

---

131. *Ibid.*
132. *Ibid.*

El estudiante dotado

El potencial de desarrollo del SI es especialmente grave en el alumno talentoso, para quien las altas expectativas se convierten en norma. Un cantante o bailarín talentoso puede sentirse afligido, por ejemplo, si piensa que no es el mejor de su clase; ser el segundo mejor no es suficiente porque teme que su falta de talento se vea superada por la actuación superior de otro estudiante. Esto supone una gran presión por sobrecompensar; tal es así que incluso si recuperan el ansiado estatus de primero de la clase nunca atribuirán su éxito a sus propias capacidades, sino tan solo a haber trabajado a conciencia. Lo mismo ocurre con el estudiante dotado en las materias académicas, que puede hacer afirmaciones sobre su éxito tales como:

«Gané el concurso científico solo porque me esforcé mucho».

«Me han dado el papel en la obra porque otro estudiante hizo una mala audición».

«Me pusieron una matrícula en el examen de violín solo porque le caí bien al examinador».

El efecto del SI en el estudiante dotado abarca numerosas opciones. Puede:

- retraerse de sus compañeros o sus profesores a fin de ocultar su «impostura»: si no llama la atención, nadie descubrirá la «verdad».

- oponerse a las muestras de halago; esto incluye autosabotaje, como no hacer los deberes o los trabajos, o no hacerlos lo mejor posible para evitar los elogios que no cree merecer, o «demostrar» que en realidad no tiene talento.

- desarrollar cierta incomodidad con otros compañeros talentosos, pues no cree que pertenezca realmente al grupo, lo que crea un sentimiento de no pertenencia que incrementa aún más su presunción de que es un impostor.

- sentirse agobiado por la creencia externa de que tiene mucho talento.

- evitar proyectos difíciles o presentarse a situaciones que puedan dejar la impostura al descubierto.

Si descubres alguno de estos indicios de que un estudiante talentoso pueda sufrir SI, utiliza las pautas que hay al final del capítulo para intentar solucionar el problema antes de que sea más grave.

Presiones sociales y redes sociales

Un estudio sobre colegios indica que una de las mayores fuentes de presión para los estudiantes son las redes sociales, hasta el punto de que para el 37 por ciento de alumnos aventajados la presión de estas es mayor que la presión de los exámenes (27 por ciento).[133] Como cuenta uno de los directores: «los niños sufren mucha más presión en la sociedad actual que en las generaciones

---

133. Weale, *op. cit.*

anteriores. Son la generación cuya obsesión por la imagen y la perfección ha surgido debido al avance de la tecnología, de las redes sociales y la cultura de los famosos».[134]

Las razones por las que las redes sociales pueden contribuir a la difusión del SI entre los jóvenes no son diferentes de las de los adultos (véase la página 77), excepto que la generación joven presenta ciertos problemas adicionales. Por una parte, la mayoría de los jóvenes son nativos digitales: han crecido en un mundo totalmente digital y no conocen otro. Los adultos que sufren de baja autoestima provocada por las redes sociales recuerdan la era predigital en la que la información no tenía filtro y no todo lo que veíamos era perfecto. También es más probable que tengan oportunidades sociales sin recurrir a las redes. En cambio, para muchos jóvenes hoy en día, las redes sociales e Internet lo son todo. Como ha apuntado recientemente un comentarista del *Washington Post*: «las redes sociales han situado más alto el listón de la perfección juvenil y han creado una situación en la que el deseo por el éxito profesional [...] los atrae como una llama digital a las polillas».[135]

Del mismo modo, los adultos han tenido la oportunidad de desarrollar su autoestima en un mundo analógico que puede haberles dado protección, mientras que la generación joven de hoy no goza de ese lujo. Muchos jóvenes miden su valía únicamente por el número de seguidores y, además, tienen que navegar en un mar de comentarios y en muchas ocasiones lidiar con respuestas negativas potencialmente peligrosas de cuentas anónimas, un

---

134. Heywood, *op. cit.*

135. Simmons, *op. cit.*

fenómeno que está ligado al incremento de conductas perjudiciales o incluso el suicidio.[136]

Añadamos a esta mezcla la cultura de las celebridades y los retoques del *photoshop*, donde todo es perfecto, y no será de extrañar que los jóvenes actuales sientan que no dan la talla. A fin de cuentas, la perfección que persiguen es imposible, y no solo en el inalcanzable mundo de la fama, sino mucho más cerca: para muchos jóvenes, es de vital importancia crear una versión increíblemente perfecta de su propia vida con el fin de que el mundo la consuma en las redes.

Todo esto es un cóctel potente en lo que al desarrollo del SI respecta. Donna Wick, doctora en educación y fundadora de Mind-to-Mind Parenting (Paternidad mente a mente), comentó en un artículo de la página web del Child Mind Institute (Instituto de la mente infantil) que en los jóvenes, «la carga combinada de la vulnerabilidad, la necesidad de aceptación y el deseo de compararse con sus iguales» genera una «tormenta perfecta de inseguridades». Además, los adolescentes que se han creado perfiles idealizados «pueden sentirse frustrados y deprimidos al darse cuenta de la diferencia entre quienes fingen ser en Internet y quienes realmente son».[137] Cuanto más se entregan a esa falsa imagen perfecta, más difícil se les hace aceptar la realidad, que dista mucho de serlo.

---

136. Edwards, J. (2013). Users on this website have successfully driven nine teenagers to kill themselves (Los usuarios de esta página web han conseguido que nueve adolescentes se suiciden). *Business Insider.* https://www.businessinsider.com/askfm-and-teen-suicides-2013-9?IR=T

137. Jacobson, R. Social media and self doubt (Redes sociales e inseguridades). *Child Mind Institute.* https://childmind.org/article/social-media-and-self-doubt/

La vida estudiantil

Todas las presiones y condiciones que pueden desembocar en un SI que hemos tratado en este capítulo cobran muchísima más importancia cuando los jóvenes cambian el clima de relativo apoyo doméstico y escolar por el clima mucho más desalentador del instituto y la universidad. De pronto, las formas de fracasar se multiplican: un nuevo grupo social en el que causar buena impresión, nuevas formas de estudiar (y fracasar potencialmente), así como el desarrollo de capacidades de estudio, culinarias, de cuidado personal y vida y organización independientes. No es de extrañar que tantos jóvenes puedan tener dificultades en la universidad hoy día: se dan todas las condiciones para el SI. De hecho, investigadores de la Universidad de Stanford han acuñado recientemente el término «síndrome del pato» para describir el esfuerzo de los estudiantes por aparentar que lo tienen todo bajo control y se desenvuelven bien, mientras que por dentro están intentando mantenerse a flote a la desesperada[138]: una descripción perfecta del SI. Asimismo, un estudiante de la Universidad de Maryland reconoció que «pensamos que somos impostores, vivimos con la preocupación constante de que los que nos rodean [...] descubran que no somos tan inteligentes, talentosos o capaces como creen que somos».[139]

---

138. *Ibid.*

139. Kodan, A. (2017). Many UMD students feel like frauds. Blame imposter syndrome (Numerosos estudiantes de la Universidad de Maryland se sienten impostores. La culpa la tiene el síndrome del impostor). *The Diamondback.* https://dbknews.com/2017/11/07/impostor-syndrome-college-students-umd-minorities-race-fraud-self-image/

El periódico de la Universidad de Illinois ha reconocido recientemente la presencia del SI en el campus con el artículo titulado «El síndrome del impostor es real entre los estudiantes universitarios».[140] No ha sido la única universidad que ha reconocido el problema; algunas, entre las que se incluyen instituciones del Reino Unido como la Universidad de St. Andrews, la Universidad de Bath, la Universidad de Cambridge (quienes aseguran a los estudiantes con inseguridades que el equipo de admisión «no se equivoca», con el fin de contrarrestar el posible SI entre los estudiantes)[141] y el Imperial College de Londres, han incluido consejos en sus páginas web. La página de la Universidad de Harvard reconoce que «en el Departamento de Servicios Estudiantiles, tratamos el tema del "impostor"»[142] y añade que el SI es frecuente entre los estudiantes en parte porque la universidad es un período de transición (como hemos analizado anteriormente).

En calidad de docente universitaria, he visto ejemplos del SI en acción a lo largo de toda mi vida laboral, entre ellos tenemos:

- Estudiantes que valoran cualquier experiencia profesional (como camarero, por ejemplo) como irrelevante o de

140. Linton, J. (2018). Imposter Syndrome real amongst University students (El síndrome del impostor es real entre los estudiantes universitarios). *The Daily Illini*. https://dailyillini.com/opinions/2018/02/21/imposter-syndrome-real-among-university-students/

141. Gargaro, P. (2016). Imposter syndrome? Here's why it doesn't matter (¿Síndrome del impostor? Por qué no es importante). *The Cambridge Tab*. https://thetab.com/uk/cambridge/2016/10/30/impostersyndrome-doesnt-matter-83202

142. Yun, J. (2018). Imposter Syndrome (Síndrome del impostor). Página web de la Universidad de Harvard. https://gsas.harvard.edu/news/stories/imposter-syndrome

baja calidad. Muy pocos estudiantes se muestran orgullo-sos o seguros en este tipo de cosas, creen que no tienen ningún valor.

- Aquellos que realizan una presentación o un trabajo brillante pero no consiguen la máxima nota. Los «impostores» suelen ser los que me escriben para preguntarme si han obtenido la segunda nota más alta. No están satisfechos con ello y, en lugar de centrarse en lo bien que lo han hecho, se centran en el hecho de que no han alcanzado la perfección y ven esto como una prueba de que no son lo bastante buenos.

- Además, el estudiante impostor puede infravalorar cualquier comentario positivo de un trabajo y preocuparse demasiado por el comentario ligeramente negativo.

- Algunos estudiantes excelentes no solicitan becas de investigación porque consideran que no son aptos para un puesto tan codiciado.

- Otros estudiantes, a pesar de conseguir buenos resultados de manera constante, se preocupan de que el siguiente trabajo o examen demuestre «de qué pasta están hechos». Están constantemente haciendo revisiones y comprobaciones con el personal docente.

- Algunos estudiantes tienen unas expectativas tan altas que les cuesta entregar los trabajos a tiempo por temor a que no sean suficientemente buenos; siempre están intentando mejorarlos.

Moz, un estudiante de primer año de Medicina, sufría un terrible caso de ansiedad y baja autoestima. Estaba convencido de que todos los demás estudiantes eran mucho mejores que él. Entrar en la Facultad de Medicina era muy duro y él era consciente de que solo admitían a la flor y nata. Sin embargo, creía que no formaba parte de los mejores y que había logrado burlar de algún modo el riguroso procedimiento de selección. Los otros estudiantes parecían mucho más experimentados y profesionales que él. Parecía que tenían más conocimientos y se sentían mucho más seguros. Muchos de ellos tenían padres dentro de la profesión, mientras que los padres de Moz habían sido refugiados; él era el primero de su familia que asistía a la universidad. Sentía que no encajaba y que era un impostor. Por lo tanto, vivía con miedo a ser descubierto.

Este temor lo llevó a esforzarse más que los demás para asegurarse de que su falta de capacidad no fuese descubierta. No obstante, no importaba cuánto trabajase, pues era incapaz de librarse del pensamiento de que habían cometido un error al admitirlo y que lo averiguarían más pronto que tarde. Vivía con ese miedo y la vergüenza que causaría a su familia, tan orgullosa de su éxito.

Los estudiantes deberían recordar que estos sentimientos de impostura son completamente normales. De hecho, Olivia Cabane, autora de *El mito del carisma* (*The Charisma Myth*), descubrió que, al preguntarles a los nuevos estudiantes de la Escuela de Posgrado de Negocios de Stanford «¿Cuántos de vosotros creéis que el comité de admisión ha cometido un error al aceptaros?», dos tercios levantaron la mano.[143]

Consejos y estrategias

Ayudar a nuestros hijos a gestionar un potencial síndrome del impostor es una labor crucial como padres, educadores y, de hecho, como parte de la sociedad. Asume las siguientes directrices y utilízalas para dar forma a la relación que tienes con tus hijos con el propósito de minimizar las probabilidades que tienen de desarrollar SI. Además de las que se presentan a continuación, revisa aquellas presentes en capítulos anteriores para más información.

No etiquetes a los niños

Los padres que etiquetan a sus hijos como «la lista» o «el amable» pueden llegar a pensar que los están ayudando; al fin y al cabo, son buenas etiquetas que deberían potenciar su autoestima, ¿no? Pues todo lo contrario: pueden ser perjudiciales, sobre todo si se convierten en metas que el niño se esfuerza en alcanzar.

En lugar de eso, trata a tus hijos de forma individual y ten en cuenta que no deberías compararlos con sus hermanos (ni con nadie). Uno de tus hijos puede ser un artista, pero puedes y debes animar a sus hermanos a perseguir sus propios intereses

---

143. Chen, O. (2017). How to reap the benefits of imposter syndrome (Cómo beneficiarse del síndrome del impostor). *Be Yourself*. https://byrslf.co/how-to-reap-the-benefits-of-impostors-syndrome-eb5e0080e626

artísticos, tengan el mismo talento o no. Tampoco permitas que los parientes etiqueten a tus hijos («¡Así que esta es la genio de las matemáticas!»)

Un ejercicio que podrías hacer es trabajar con tus hijos de manera individual para recabar una lista de cosas en las que destaquen o de habilidades que posean. Anímalos a apuntar cosas aunque pienses que a sus hermanos también se les da bien o incluso mejor.

No tengas expectativas muy altas

Asimismo, cuidado con las expectativas que tienes para tus hijos y cómo se las comunicas. Si los niños sienten que no van a alcanzar nunca las expectativas de los padres, pueden volverse susceptibles al SI: sentir que nunca son lo bastante buenos. Así pues, resiste la tentación de ponerles metas muy altas, incluso de forma inconsciente. Anímalos a desarrollar su potencial y a tener sueños, pero déjales claro que valoras los atributos no cuantificables, como la amabilidad o la consideración, en la misma medida.

No halagues demasiado (ni seas demasiado crítico)

Se trata de un equilibrio difícil de conseguir. Colmar a nuestros hijos de elogios por el mínimo logro no les sube la autoestima, sino que les hace sentir que el elogio es insignificante. Una de mis jóvenes clientes me comentó que su madre la felicitaba por levantarse de la cama y los comentarios de este tipo pueden hacer que un niño se sienta un impostor y que no merece ningún elogio. También es posible que tiendan a obtener un reconocimiento «real» o más genuino por medio de premios, certificados o notas, pero no crean que este reconocimiento es genuino, de la misma manera que dudaban de que los elogios paternos lo fuesen.

Asimismo, ser demasiado crítico puede hacer que los niños tengan un deseo por impresionar a los demás, aunque nunca sientan que han hecho lo suficiente para asegurarse de haber impresionado a alguien. Cuando se los elogia de verdad, no llegan a creer que se lo han ganado, puesto que no están acostumbrados a tal reconocimiento.

Refuerza la confianza de los hijos

Hay que resistir la tentación de ayudar demasiado a los hijos o hacer demasiado por ellos. Necesitan aprender a confiar en sí mismos y saber que pueden hacer cosas solos. Si sus padres los ayudan, pensarán que sus logros se atribuyen a ellos y no a su esfuerzo personal. Como adultos, pueden atribuírselos a otras personas y sentir que todos sus éxitos se deben a los esfuerzos de otros y no a los suyos propios.

No los critiques por equivocarse

De la misma manera que los adultos tenemos que aceptar que cometemos errores, también debemos hacérselo ver a nuestros hijos (como hemos visto antes). Los colegios y el sistema educativo ponen mucho énfasis en los éxitos pero poco en aceptar los «fracasos». Enséñales a tus hijos que no triunfar también es importante y que los vuelve más resistentes. Por ejemplo, si a tu hijo le ha ido mal en una prueba o ha suspendido el examen de piano, adopta una actitud positiva y animada y pregúntale qué puede hacer para aprender de ello, en vez de criticarlo por no haberse esforzado lo suficiente.

Sé prudente con las expectativas de género

Tanto si tus hijos son del mismo sexo como si no, ten en cuenta las expectativas que pones en ellos en ese aspecto. Resiste la tentación de guiarlos hacia los intereses o actividades propias de cada sexo, pues esto puede hacer que tengan dificultades si sienten que no están a la altura de los ideales de género que se espera de ellos. No obstante, no sobrecompensemos tampoco: una ingeniera en una industria mayoritariamente integrada por hombres puede sentir la carga de las expectativas que genera como representante de su sexo. Como siempre, es una cuestión de equilibrio.

8

Resumen

El síndrome del impostor (SI) puede ser un trastorno debilitante para algunos, pero hay buenas noticias. No solo se pueden superar sus efectos negativos, sino que también podemos sacar ventaja de ellos.

Como con cualquier asunto relacionado con la salud mental, el reconocimiento es siempre el primer paso y hemos analizado a fondo las diversas causas, factores y moderadores del síndrome a lo largo de este libro para ayudarte a descubrir si tú o alguien a quien conoces lo padece. Una vez has aceptado y entendido mejor el trastorno, puedes comenzar a poner en práctica las estrategias recomendadas para tratar tu SI y mejorar tu autoestima. Hay consejos y estrategias al final de cada capítulo desde el 3 hasta el 7; puede que algunos sean más adecuados para un grupo de personas específico, pero la mayoría son aplicables para todo el mundo.

Implementar estas estrategias y aumentar tu entendimiento te ayudará a gestionar el SI para que no te suponga un lastre. Sin embargo, el objetivo no es erradicar todos los pensamientos de impostura, sino reducirlos. A fin de cuentas, son generalmente las personas que tienen cierto éxito en la vida las que tienen una mayor probabilidad de desarrollar este tipo de sentimientos, por lo que es probable que, si padeces SI, se te dé bien lo que haces.

Además, recuerda que no estás solo y anímate. El SI es tan frecuente —hemos mencionado que hasta el 70 por ciento de personas nos sentimos así en algún momento de nuestra vida— que es más *normal* pensar que eres un impostor que no pensarlo: es muy probable que haya varios *impostores* en un grupo de personas. Recuérdalo cuando te sientas así; te ayudará a combatir la sensación de aislamiento.

En realidad, tener inseguridades acerca de lo bien que vamos o hacemos las cosas incrementa las probabilidades de tener éxito, puesto que así comprobamos y nos aseguramos de que lo estamos haciendo lo mejor posible constantemente. Aquellos que no padecen SI pueden tener una confianza equivocada en sí mismos que se traduce en un trabajo de peor calidad a largo plazo. Esto se fundamenta en un estudio que demostró que los estudiantes más inteligentes solían infravalorar su posición en clase, mientras que los menos capaces la sobrevaloraban.[144]

El truco es mantener a raya los pensamientos de impostura pero, cuando afloren, aprovecharlos como oportunidades para aprender, tanto si es algo acerca de la tarea que te ocupa como acerca de ti mismo. Se podría decir que un cuadro leve de SI es algo positivo que te alienta a seguir trabajando y dar lo mejor de ti. Lo que se necesita es alcanzar un grado de aceptación y equilibrio en cuanto al trastorno más que su eliminación. Si reconoces,

---

144. *Ibid.*

comprendes y adoptas las estrategias de gestión, puedes comenzar a abordar tus sentimientos de inseguridad y, si continúas por este camino, ganarás más confianza y alcanzarás el equilibrio deseado. El objetivo de este libro es ayudarte a conseguir precisamente eso.

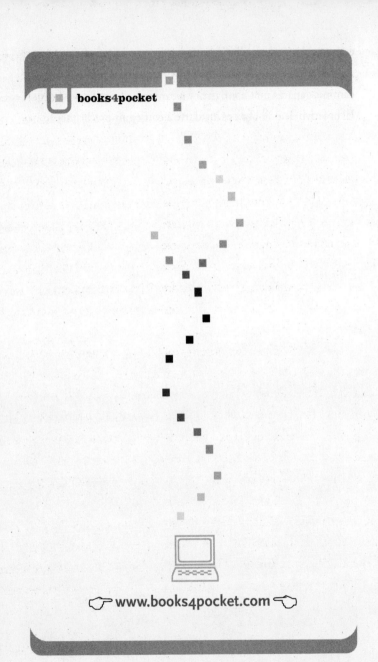

books4pocket

www.books4pocket.com